L'ACTION CRIMINELLE

A MON MAITRE

M. MAURICE BLONDEL

PROFESSEUR DE PHILOSOPHIE

A LA FACULTÉ DES LETTRES DE L'UNIVERSITÉ D'AIX-MARSEILLE

HOMMAGE

DE MA RECONNAISSANCE

L'ACTION CRIMINELLE

ÉTUDE DE PHILOSOPHIE PRATIQUE

PAR

Henri URTIN

Docteur ès Lettres

Avocat à la Cour d'Appel d'Aix

PARIS

LIBRAIRIE FÉLIX ALCAN

MAISONS FÉLIX ALCAN ET GUILLAUMIN RÉUNIES

108, BOULEVARD SAINT-GERMAIN, 108

—

1911

BIBLIOGRAPHIE

PRINCIPAUX OUVRAGES CITÉS OU CONSULTÉS

BERGSON. — *L'évolution créatrice* (Paris, F. Alcan ; 1909).

BERNÈS. — *Sociologie et morale* (Paris, Giard, 1896).

Revue philosophique, 1895, 1 ; 1901, II (Paris, F. Alcan).

BLONDEL. — *L'Action* (Paris, F. Alcan, 1893).

BOUGLÉ. — *Les idées égalitaires* (Paris, F. Alcan, 1899).

COLAJANNI.— *La Sociologia criminale*, 2 vol. (Catana, 1889).

CROISET. — *Les Démocraties antiques* (Paris, Flammarion, 1909).

DARESTE. — *Revue des Deux-Mondes*, 15 octobre 1891.

DURKHEIM. — *De la division du travail social* (Paris, F. Alcan, 1893).

— *Les règles de la méthode sociologique* (Paris, F. Alcan, 1895).

— *Revue philosophique*, 1895, 1 (Paris, F. Alcan).

— *Année sociologique*, 1899-1900. Deux lois de l'évolution pénale.

— *Année sociologique*, 1905-1906, 383, Sur l'évolution générale des idées morales (Paris, F. Alcan).

FERRI. — *La sociologie criminelle* (Paris, F. Alcan, 1893).

GAROFALO. — *Criminologie* (trad. fr. F. Alcan).

GARRAUD. — *Précis de droit criminel* (Paris, Larose et Tenin, 1909).

GRASSERIE (DE LA). — *Des principes sociologiques de la criminalité* (Paris, Giard et Brière, 1901).

JAMES (William). — *Philosophie de l'Expérience* (Paris, Flammarion, 1910).

Joly (Henri). — *Le crime*, étude sociale (Paris, Cerf).

Lombroso (Cesare). — *L'homme criminel, criminel-né, fou moral épileptique*, étude anthropologique et médico-légale (F. Alcan, 1887).

Lombroso et Laschi. — *Le Crime politique et les Révolutions* (F. Alcan, 1892).

Maxwel. — *Le crime et la société* (Paris, Flammarion, 1909).

Morrison. — *Revue philosophique*, 1891, II (Paris, F. Alcan).

Palante. — *Revue philosophique*, 1899, II (Paris, F. Alcan).

Proal. — *Le Crime et la peine* (Paris, F. Alcan, 1892).

Richard. — *Essai sur l'origine de l'idée de droit* (Paris, 1892).

— *L'idée d'évolution dans la nature et dans l'histoire* (Paris, F. Alcan, 1903).

Revue philosophique, 1905, II (Paris, F. Alcan).

Saleilles. — *L'individualisation de la peine* (Paris, F. Alcan, 1909).

Sighele. — *La foule criminelle* (Paris, F. Alcan, 1901).

Tarde. — *Les lois de l'imitation*, étude sociologique (Paris, F. Alcan, 1890).

— *La philosophie pénale* (Lyon et Paris, 1890).

— *Les transformations du droit* (Paris, F. Alcan, 1893).

— *Les lois sociales*, esquisse d'une sociologie (Paris, F. Alcan, 1899).

Revue philosophique, 1895, I ; 1898, II ; 1901, II (Paris, F. Alcan).

INTRODUCTION

Qu'est-ce que le crime ? Quelle idée faut-il s'en faire ? Autant d'individus, autant de réponses diverses. Chacun, selon son milieu, son éducation, son tempérament, donnera une solution particulière à la question ainsi posée.

« Il n'y a pas de pire crime que le blasphème contre Dieu », disent les uns. « La propriété est inviolable », « Ni Dieu ni maître », répondent les autres. « La propriété c'est le vol ».

Le duel : nécessité d'honneur, affirment ceux-ci ; vestige de barbarie, déclarent ceux-là.

La confusion la plus complète régnerait toujours, et aucune science ne serait possible en pareille matière, si l'on voulait définir le crime par l'idée que chacun s'en fait.

C'est la grande tentation des sociologues.

« Au lieu d'observer les choses, de les décrire, de les « comparer, nous nous contentons de prendre conscience « de nos idées, de les analyser, de les combiner. Au lieu « d'une science de réalité, nous ne faisons plus qu'une « analyse idéologique. »

(Durkheim, *Méthode sociologique*, p. 31).

Il est clair que la confrontation des divers systèmes élaborés par l'esprit des hommes peut être utile au psychologue, et là est leur vraie valeur objective. Mais quant à sortir du sujet et à atteindre les faits, objets de la science sociologique, et plus spécialement de la criminologie, il n'y faut pas songer par cette méthode. « Jusqu'à présent, la sociologie a plus ou moins exclusivement traité, non de choses mais de concepts » (*Ibid.*).

Aussi, revenant à la question initiale : Qu'est-ce que le crime ? nous devons résolument écarter la deuxième question explicitant faussement et dangereusement la première : « Quelle idée faut-il s'en faire ? »

Notre résolution est prise et bien prise. Nous ne confondrons plus les faits avec nos façons de les apprécier. Plus de désirs personnels érigés en formules générales.

Aussi bien nos opinions les mieux arrêtées, nos convictions les plus fermes ne viennent-elles pas d'une source différente de nous-mêmes. Et quelle naïveté serait la nôtre si nous demandions à notre « table rase intime », sur la vie et ses diverses manifestations, des clartés qui sortent encore d'elle-même, et non de la vie, source commune des idées ?

Qu'est-ce que le crime ? C'est l'étude du criminel qui nous l'apprendra. Mais quel criminel ? Ici nous n'avons que l'embarras du choix. Qui n'est pas le criminel de quelqu'un ? Il suffit qu'un Oriental passe en Occident ou qu'un homme de couleur vienne en Europe pour que les points de vue se renversent et que l'honnête homme devienne le méchant. Il faut donc que notre observation, pour être véridique et vraiment solide, s'étende à tout l'Univers ; mais alors, un nouvel ordre de difficultés surgit. Si l'on a pu dire : « Vérité en deçà des Pyrénées, erreur au delà », n'aurait-on pu ajouter : « Vérité dans le présent, erreur dans le passé ou dans l'avenir ? »

Et quand bien même j'aurais examiné un par un tous les criminels de mon temps, mon œuvre ne serait-elle pas nécessairement courte et provisoire ?

C'est ainsi qu'une méthode scientifique vraiment sincère et désintéressée ouvre au sociologue, quel que soit l'objet de ses recherches, un immense champ d'observation, et, disons-le, un horizon de travail illimité.

C'est à prendre ou à laisser. Libre à nous de renverser la perspective et de prétendre faire tenir la pyramide en équilibre, en mettant la pointe en bas. C'est l'universelle réalité qui enrichira notre esprit ou c'est notre raison isolée qui, orgueilleusement et naïvement à la fois, prétendra régenter un monde qu'elle ne connaît pas au nom de vues et de systèmes qui ne peuvent avoir de valeur que celle que la vie leur donne. « Drus et forts d'un bon lait », battrons-nous notre nourrice, ou bien ne reconnaîtrons-nous pas que la vie nous vient d'elle et que le secret de notre santé était là ?

La tentation est forte ; elle est une des formes, la plus haute peut-être, de l'éternelle lutte.

On n'agit pas seul et on ne pense pas seul. Si je veux agir sans connaître le milieu où mon bras va s'étendre, celui-ci sera broyé tôt ou tard par les forces adverses méconnues.

Si je prétends expliquer le monde sans le connaître ou en le connaissant partiellement, ma pensée ne sera qu'une idée de plus allant se perdre, vite dissoute, dans le monde des idées. Il faut choisir et viser résolument à tout, pour trouver quelque chose.

C'est pourquoi, reprenant la question qui était le point

de départ de ces réflexions : Qu'est-ce que le crime? Nous répondons maintenant : Demandons-le à la vie réelle, en tous temps et en tous lieux.

Cependant, il reste une précaution à prendre. Notre but est de demander à la vie réelle quels sont les caractères constitutifs du crime, pour arriver à en démêler les causes et par elles à en trouver les remèdes. Mais sur quel ordre de faits doit porter l'investigation ?

Le grand danger déjà signalé reparaît à chaque étape. On ne peut pourtant pas tout voir, tout scruter, tout examiner. Il faut un fil conducteur. Chercher le crime au nom d'une définition idéale quelconque, si large soit-elle, c'est retomber dans l'erreur évitée une première fois et tout est à refaire. Mais définir le crime, conformément à l'heureuse formule de M. Durkheim, « en fonction non d'une idée de l'esprit mais de propriétés qui lui soient inhérentes », c'est alors peut-être atteindre l'objectivité désirée.

Et puisque la pensée de ce sociologue s'impose si impérieusement depuis le commencement de ces réflexions, qu'il nous soit permis de lui emprunter, au moins provisoirement, sa définition.

« Nous constatons l'existence d'un certain nombre « d'actes qui présentent tous ce caractère extérieur que, « une fois accomplis, ils déterminent de la part de la « société cette réaction particulière qu'on nomme la « *peine.* Nous en faisons un groupe *sui generis,* auquel « nous imposons une rubrique commune ; nous appelons « crime tout acte puni et nous faisons du crime ainsi « défini l'objet d'une science spéciale, la criminologie. » (Durkheim, la *Méthode sociologique,* p. 52).

Il est certain qu'en écartant dès le début toute opinion préconçue sur le fond intime et en distinguant les faits à étudier par un caractère purement extérieur sur lequel personne ne peut différer, on place devant soi un objet bien net, bien précis, dont le mérite essentiel est d'être avant tout : un objet.

Les précautions essentielles sont donc prises maintenant. L'objet d'étude existe, aux contours arrêtés : ce sont les actes punis. Sur leur nature, pas plus de lumière que Descartes sur le fait de la pensée, quand cet élément indivisible et primordial arrêtait, comme une barrière, son « doute méthodique ».

Sur l'évolution de leurs caractères, sur la façon dont les divers législateurs les ont compris ou auraient dû les comprendre, aux différentes époques, sous toutes les latitudes, divergences et contradictions.

Ce qui ne varie pas, c'est le caractère extérieur commun à tous que nous prenons comme base de nos recherches.

Renonçant résolument à aller des « idées aux choses », peut-être irons-nous plus sûrement « des choses aux idées ».

PREMIÈRE PARTIE

ANALYSE DE L'ACTION CRIMINELLE

Je fais abstraction de tout ce que j'ai lu ou vu jusqu'à présent, en matière de chronique judiciaire ; je ne sais qu'une chose : c'est que j'appellerai crime tout acte donnant lieu à une peine administrée par les juridictions répressives. Ceci pour la commodité du vocabulaire. Le mot crime n'aura donc pas pour nous le sens étroit qu'il a pour le juriste. Laissons de côté la division actuelle des crimes, délits et contraventions.

Le crime sera simplement tout acte qui donne lieu à une peine quelconque prévue pour lui par le législateur.

Appuyés délibérément sur cette base, partons de nous et de ce qui nous entoure directement. Entrons à la plus proche chambre correctionnelle. Deux affaires sont soumises aux magistrats qui la composent. Dans la première, c'est un chevalier d'industrie qui est monté dans un compartiment de chemin de fer sans prendre de billet. Le contrôleur s'étant présenté en cours de route, il a été incapable de se justifier, procès-verbal a été dressé pour contravention à la loi sur la police des chemins de fer ; une amende est prononcée contre lui, qui figurera à son casier judiciaire. Il a commis un acte que la loi punit.

La deuxième affaire est appelée. Dans un bateau partant d'un port d'Amérique à destination de France, un malheureux a pénétré ; il s'est caché dans la cale au moment du départ, Personne ne l'a vu, le navire s'est ébranlé; lorsqu'on arrive à le découvrir, impossible de revenir au point de départ ; force est bien de conserver ce passager supplémentaire, qui n'a pas payé sa place, et de l'amener, qu'on le veuille ou non, au point d'arrivée. Dès qu'on touche la France, une plainte a été déposée par la compagnie, procès-verbal a été dressé et l'individu a comparu devant la juridiction correctionnelle. Grand émoi ! aucun texte n'est applicable! Il y a pourtant un acte répréhensible, une démarche frauduleuse. Une idée surgit. « Article 405 ; manœuvre frauduleuse, c'est une escroquerie » ; et les magistrats du premier degré ont condamné. Appel a été interjeté et les magistrats du deuxième degré ont confirmé la première sentence. Pourvoi en cassation est formé, et, en dernière analyse, la Cour suprême a cassé l'arrêt et a déclaré que les caractères constitutifs de l'escroquerie ne se trouvant pas réunis, il y avait lieu d'acquitter purement et simplement.

Dans quelques mois, quelques jours peut-être, le législateur aura réparé la lacune, mais pour le moment, de deux actes identiques, l'un est puni, l'autre ne l'est pas, selon qu'il s'agit d'un train ou d'un bateau.

Bizarrerie sans doute isolée, dira-t-on! Devrons-nous attendre, pour refuser notre estime à ce filou, qu'un nouveau texte de loi l'ait officiellement consacré ?

Retournons, le lendemain, devant la même juridiction. Cette fois, c'est une excitation de mineures à la débauche. Un triste personnage, tenancier d'un bar mal famé, n'a peut-être pas pris de suffisantes précautions. Toujours est-il qu'au cours d'une descente, la police a constaté que l'une des pensionnaires n'a pas les vingt et un ans qu'elle prétendait avoir. Poursuites du parquet ; au cours des débats, le fait est reconnu exact. La mauvaise foi du délinquant paraît admise par les juges. Reste la plaidoirie du défenseur. Il revendique pour son client le bénéfice de l'article 334 du Code pénal : « Quiconque aura attenté aux mœurs en excitant, favorisant ou facilitant habituellement » la débauche ou la corruption sera puni.

Et le défenseur de dire : Il n'y a pas eu habitude, il y a un fait isolé, donc le délit n'existe pas. Le procureur se lève alors et, donnant lecture au tribunal de la loi nouvellement votée d'où le mot « habituellement » a été rayé, requiert plus que jamais une condamnation. Et le prévenu, qui eût été acquitté trois ans plus tôt, se voit infliger une peine.

A la même audience, un brave père de famille est cité. Il avait une nombreuse famille à nourrir et à élever. Tout le monde vivait de son travail à la maison. Un jour, il tombe malade, et comme la faim menaçait les siens, il a disposé d'une somme qui avait été déposée entre ses mains à charge de la rendre dès qu'on la réclamerait. Le déposant a réclamé son argent, déposé une plainte au parquet, et le voilà obligé d'avouer le délit qu'il a commis. Le tribunal est obligé de condamner, mais, depuis la loi de sursis de 1891, le principe du pardon étant entré dans le code, il en est fait usage à son égard ; il n'accomplira pas sa peine et dans cinq ans, elle aura disparu de son casier judiciaire qui redeviendra intact. Le tout aura passé comme un mauvais rêve.

Laissons de côté la juridiction correctionnelle où la répression paraît, au premier abord, si fluctuante, et entrons dans un prétoire de cour d'assises.

La criminalité devient de plus en plus fréquente chez les enfants et chez les jeunes gens, aussi, comme par hasard, ce sont deux tout jeunes gens qui occupent le banc des accusés. Cette fois, c'est bien un crime, au sens à la fois légal et courant du mot, qui fait l'objet des débats. Ces deux précoces malfaiteurs, qui n'ont pas tout à fait 18 ans, ont attendu un rentier au coin d'une rue, et l'ont dévalisé après l'avoir poignardé. C'est le crime traditionnel. L'avocat général demande une peine exemplaire, sans atténuation. Le défenseur plaide l'extrême eunesse, le manque de discernement, et le jury, après javoir admis le principe de la culpabilité évidente, admet le non-discernement. Les deux garnements sont acquittés, et mis dans un établissement pénitentiaire. Il y a quelques années, en effet, le point de départ du discernement certain a été reculé de 16 à 18 ans ; les deux jeunes criminels en profitent, et évitent ainsi la peine capitale qui eût été la conclusion légale du même verdict, trois ans plus tôt.

De l'ensemble de ces premières et rapides observations faites autour de nous, une réflexion se dégage invinciblement : la répression n'est pas nécessairement immuable. Telle action, punie hier, ne l'est plus aujourd'hui; elle le sera peut-être encore demain. Et inversement, tel acte, absous hier, détermine une répression aujourd'hui, quitte à désarmer à nouveau le législateur de l'avenir.

Inutile donc, dans ces fluctuations de la loi pénale, de chercher une direction, une tendance uniformes. La répression ne va pas plus vers l'indulgence que vers la sévérité : elle varie, sans plus, et elle varie sous nos yeux, dans la courte période que notre existence nous permet de voir.

Le crime revêtirait-il un caractère mobile qui circulerait à travers les actions des hommes?

Cependant, pour ne pas être tenté de conclure du particulier au général, il faut voir si ce caractère de variabilité se rencontre isolément et s'il existe des crimes qui soient toujours des crimes, auquel cas il y aurait peut-être lieu de faire de ceux-ci seulement une étude séparée et approfondie.

Passons en revue les principaux crimes et délits prévus par le Code pénal français, et demandons à l'histoire de nous éclairer sur ce point.

Bien entendu, nous ne prétendons pas, voulant aboutir à une synthèse pratique, donner à nos prémisses la plénitude du caractère scientifique.

Le développement présent de la sociologie nous fournit des résultats dont il nous est permis de nous servir, sans les soumettre à un contrôle personnel, qui ne leur apporterait aucun surcroît de lumière.

Nous voulons très délibérément donner aux courtes constatations pénales qui vont suivre le bénéfice du terrain gagné par la science nouvelle.

D'une part, il est impossible de faire de la sociologie

approfondie et vraiment documentée, sans limiter son champ d'observation à l'un quelconque de ses innombrables éléments.

D'autre part, il n'est pas téméraire d'affirmer que les conclusions de la nouvelle science rencontrent, le plus souvent, les conclusions de la science traditionnelle, si l'on s'en tient aux conclusions générales, sans pénétrer jusqu'à la documentation laborieuse ou aux statistiques minutieuses.

Ayant pour but, non d'ajouter quoi que ce soit à la documentation acquise, encore moins d'en vérifier la valeur, mais d'en extraire simplement des directions pratiques, nous nous contentons donc, en ce qui concerne l'histoire du droit pénal, d'une revue rapide de ses conclusions les plus courantes, et cela d'autant plus facilement que la constatation des variations de la morale et du droit pénal, la seule qui nous intéresse, ne saurait que se fortifier et s'accentuer par l'étude approfondie du détail.

CHAPITRE PREMIER

HISTORIQUE DE LA PÉNALITÉ

La plupart des législations ont voulu assurer aux dépouilles humaines la tranquillité du tombeau. En droit romain, l'objet de la *violatio sepulcri* était le « cadavre avant comme après la sépulture, et le tombeau avec ses accessoires ». Le fait incriminé était l'outrage au cadavre consistant en soustraction ou exhumation du cadavre ou des cendres, destruction ou dégradation de la tombe elle-même.

Tous ces faits étaient punis selon leur gravité, tantôt de la peine des mines, tantôt de la déportation, quelquefois même de la peine de mort.

En France, en Allemagne, en Italie, la peine devient arbitraire, dépendant des circonstances et de la qualité des personnes. Sous l'ancien régime, lorsque le crime avait été commis dans une église ou dans un cimetière, il devenait une sorte de sacrilège, et pouvait, dans certains cas, être puni de la mort ou des galères.

Aujourd'hui le Code pénal en a fait un délit punissable d'un emprisonnement de trois mois à un an, et d'une amende de 16 à 200 francs (art. 360).

La pénalité de l'*adultère* a varié d'une façon complète, allant de la peine de mort jusqu'à l'absence totale. Sous l'Empire romain, Auguste avait édicté une loi « Julia » qui donnait à l'adultère le caractère d'un crime public avec la peine de la relégation contre la femme et son complice. Constantin avait remplacé la relégation par la peine de mort. En France le Code révolutionnaire était resté muet sur ce chapitre. Le Code pénal actuel punit l'adultère de la femme d'un emprisonnement de trois mois au moins et de deux ans au plus (art. 337) et l'adultère du mari qui aura entretenu une concubine dans la maison conjugale d'une amende de 100 à 2.000 francs (art. 339).

Double tendance à observer, vers l'égalité des sexes devant cette pénalité, d'une part, et l'abaissement de la pénalité elle-même.

La répression des *attentats aux mœurs* a subi des fluctuations aussi graves. Depuis l'avènement du christianisme, les législations imprégnées de son esprit avaient puni tout rapport sexuel illicite de peines fort sévères allant parfois jusqu'à la peine capitale. Les anciens droits se confondaient, dans une très large mesure, avec les prescriptions de la morale religieuse et en particulier ce chapitre du droit pénal paraissait « détaché d'un ouvrage théologique » (Garraud, *Traité de droit pénal*, p. 434).

Aujourd'hui la loi pénale ne veut pas connaître des simples relations illicites entre personnes non mariées : elle les ignore. Elle va même jusqu'à ne vouloir se préoccuper de la séduction que si elle est accompagnée de certaines circonstances aggravantes, telles que la violation d'un devoir professionnel, un abus d'autorité, ou lorsqu'elle s'exerce à l'égard des mineurs. « Mais les législations modernes se divisent sur la solution qu'il convient de donner à un certain nombre de problèmes qui ont, du reste, les uns et les autres, en cette matière, une importance capitale. » *(Ibid.)*.

Pareille variabilité dans la répression de l'*infanticide.*

Le meurtre commis par la mère sur son enfant nouveau-né n'était point spécialement puni par la loi romaine. Mais on appliquait à ce crime la loi Pompeia (Dig. XIVIII), qui punissait les parricides, c'est-à-dire les meurtres commis sur les divers membres de la famille, des peines portées par la loi Cornelia *De sicariis* (Dig. XIVIII, tit. VIII). La peine de la loi Cornélia était, à l'origine, la déportation avec la confiscation des biens. Les empereurs voulurent que la peine fût capitale. Dès lors l'infanticide fut puni de mort ou de la déportation dans une île, suivant la qualité plus ou moins élevée du coupable.

Les coutumes germaniques considéraient l'infanticide comme un crime punissable de mort (Tacite, *De moribus Germ.*, p. 19). Chez les Wisigoths et les Frisons, la mère seule était punie. *(Lex Wisigoth., VI; Lex Frison., V*, par. 1).

Sous la loi Salique, le meurtre d'un enfant mineur de douze ans n'était puni que d'une amende. (Tit. XXVIII, art. 1, 4). Les Capitulaires assimilèrent ce crime à l'homicide (1, 7, art. 168). Le crime d'infanticide n'a pas été spécifié par le Code pénal de 1791. Mais son dernier article abroge implicitement les dispositions des édits de l'ancien droit.

Il a été jugé, sous l'empire de ce code, que la peine de mort ne peut être appliquée au crime d'infanticide que dans le cas où il y a eu préméditation. *(Pandectes fran-*

çaises, V° Infanticide, 1 à 14). Aujourd'hui l'article 302 édicte : « Tout coupable d'infanticide sera puni de mort. »

L'Avortement « évolue dans l'histoire de l'humanité « parallèlement à l'infanticide..... Dans les sociétés grec- « ques l'avortement est même proposé comme un moyen « de contenir et d'équilibrer le mouvement de la popula- « tion ; partout, c'est un procédé adopté pour éviter les « douleurs de l'enfantement. Au point de vue légal les « Romains ont vu dans l'avortement, non pas un délit « contre la vie embryonnaire, mais un délit contre les « parents, car si l'avortement avait lieu en suite d'une « décision ou du consentement de ceux-ci, il restait « impuni. C'est le christianisme qui a fait entrer dans les « conceptions pénales des peuples modernes la notion de « l'avortement criminel, du féticide. Les parlements en « France punirent indistinctement de la peine de mort « tout attentat à la vie de l'enfant, ou simplement la céla- « tion de grossesse. » (Garraud, *Traité de droit pénal*, p. 379).

Les philosophes du XVIIIe siècle s'élevèrent contre l'exagération de cette pénalité, qui, dans le code révolutionnaire, devint une peine de vingt années de fers contre quiconque serait convaincu « d'avoir, par breuvage, par « violence, ou par tous autres moyens, procuré l'avorte- « ment d'une femme enceinte ». Aucune peine n'était prononcée contre la femme qui avait consenti à l'avortement. Aujourd'hui l'article 317 du Code pénal édicte : « La même peine sera prononcée contre la femme qui se « sera procuré l'avortement à elle-même ou qui aura « consenti à faire usage des moyens à elle indiqués ou « administrés à cet effet, si l'avortement s'en est suivi. »

Actuellement le *suicide* n'est l'objet d'aucune répression, qu'il s'agisse de la tentative de suicide ou de la complicité. Devrait-il être puni ? Controverse. L'ordonnance criminelle de 1670 (Titre XXII, de la manière de faire le procès au cadavre ou à la mémoire du défunt) organisait une procédure qui était une conséquence de la répression du suicide.

Les auteurs sont d'accord pour reconnaître que le *duel*, inconnu des Grecs et des Romains, est d'origine germanique. (V. Morin, Montesquieu, Meyer, Chauveau, Faustin Hélie).

En France, la loi salique ne l'admettait pas, mais les condamnations de l'Église ne l'empêchèrent pas de s'imposer dans les mœurs.

Dans les « Établissements de Saint-Louis », on trouve une première prohibition formelle du duel. Malgré cela, il existe un arrêt de la cour du roi en 1293, ordonnant le duel entre les comtes de Foix et d'Armagnac, qui se disputaient la succession de Gaston de Moucade, vicomte de Béarn.

En 1306, Philippe le Bel, par une ordonnance très détaillée, règle le duel en l'abolissant en matière civile, et en ne le laissant subsister, en matière criminelle, que dans un très petit nombre de cas. En 1333, nouvelle prohibition des combats et tournois. En 1386, le Parlement de Paris ordonne le duel sur une accusation d'adultère.

Pendant tout le cours de la monarchie française, les prohibitions se succédaient, infligeant aux réfractaires des pénalités variables, presque toujours la mort. Ceux qui se battront en duel d'eux-mêmes encourront la peine de mort ou de prison perpétuelle avec la perte de la moitié de leurs biens, et, en attendant qu'ils soient appréhendés, seront dégradés de noblesse et privés, leur vie durant, de tous biens. (Édit de 1609, art. 16).

En 1626, Louis XIII édicte : « Nous voulons que la mort soit irrémissiblement infligée à tous ceux qui, pour la seconde fois, viendront à violer l'édit comme appelans, de quelque qualité et condition qu'ils puissent être. » (Art. 10).

Sous l'empire du Code pénal, il y a deux phases : dans la première, la Cour de cassation décidait que l'homicide commis ou les blessures faites, sans déloyauté, dans les chances d'un duel dont les parties étaient convenues, ne constituent ni crime ni délit. Aujourd'hui l'homicide et les blessures qui sont la conséquence d'un duel tombent sous le coup de la loi pénale. (*Pandectes françaises*, V° Duel, 15 seq. 60, 64).

L'*incendie* peut être considéré à divers points de vue, soit comme une façon de commettre un homicide, soit comme un instrument de dommage et de destruction, soit comme une manœuvre d'escroquerie. De là l'évolution et les variations des diverses législations relativement aux peines applicables à cet attentat.

La loi romaine condamnait les incendiaires à la peine du feu, lorsque l'incendie avait été mis à un édifice ou de manière à être communiqué à cet édifice. Cette peine fut réservée plus tard pour les cas les plus graves, ceux où l'incendie avait eu pour mobile la haine ou le désir du pillage et surtout ceux où l'incendie avait eu lieu dans l'enceinte des villes.

Les anciennes ordonnances étaient à peu près muettes sur le crime d'incendie. Un capitulaire de Charlemagne punit ce crime du genre de mort le plus rigoureux, mais les arrêts distinguent plusieurs espèces d'incendie, punis, selon les cas, de mort, de bannissement ou d'amende.

Le législateur de 1791 supprime toute distinction et applique la mort à tous les cas d'incendie volontaire. En 1810, la disposition est maintenue.

En 1832 une distinction est faite à propos des personnes qui auraient incendié leurs propres maisons pour toucher le prix d'une assurance ; elles ne sont punies que des travaux forcés à perpétuité. « On ne peut se dissimuler, dit le rapporteur, qu'il n'y ait, entre les différents cas d'incendie, quant au préjudice, quant à l'alarme, quant à la perversité, un intervalle immense ».

La loi du 28 avril 1832 établit donc cinq classes d'incendie, aboutissant à des pénalités qui vont de la mort jusqu'à une simple peine de réclusion ; c'est l'article 434 aujourd'hui en vigueur (Chauveau et Faustin Hélie, *Théorie du Code pénal*, Cod. VIII ; 15 et seq.).

Reste *le meurtre*. « Dans l'état sauvage et dans l'état barbare, l'homicide n'est qu'un accident de la lutte pour la vie. La loi pénale ne s'en occupe pas, elle laisse aux intéressés le soin d'en poursuivre eux-mêmes la répression ou la réparation » (Garraud, *Traité de Droit pénal*, p. 202).

Ainsi il y a un état de l'humanité, où le meurtre lui-même ne fait l'objet d'aucune peine, n'est sanctionné par aucun châtiment. *La loi pénale ne s'en occupe pas.* Et quelle que soit l'unanimité répressive des peuples civilisés en ce qui concerne l'homicide volontaire, il n'en reste pas moins qu'à certaines époques et en certaines contrées, ce crime suprême laisse la Société indifférente.

Il y a un délit prévu par notre Code pénal qui se trouve placé, pour ainsi dire, à mi-chemin de l'attentat contre les personnes et de l'attentat contre les propriétés ; c'est le *vagabondage* et la *mendicité* pouvant mener à l'un aussi bien qu'à l'autre.

« Le problème est relativement moderne. Au début des « civilisations, le vagabondage et la mendicité sont à peu « près ignorés... mais déjà l'Empire romain a connu ces « fléaux. On voit chaque proconsul s'arroger le pouvoir « de chasser de la province et de rejeter dans la barbarie « les hommes mal famés et dangereux. »

« A plusieurs époques de notre histoire, surtout à la « suite de grandes épidémies ou de guerres prolongées, la « mendicité et le vagabondage ont pris les proportions « d'une calamité publique. La période qui commence au « XIIe siècle pour finir au XVIIe siècle parait avoir été la plus « favorable au développement du fléau. *On sentit le besoin « de prendre des mesures coercitives.* La première ordon- « nance répressive date du mois de février 1350... Elle « prononce contre eux l'emprisonnement au pain et à « l'eau pendant quatre jours. En cas de récidive, ils sont « mis au pilori ; la troisième fois marqués au front d'un « fer chaud et bannis du territoire de la prévôté. » (*Ibid.*) Dans la répression du vagabondage, la grande difficulté consiste à éviter deux excès contraires : la sentimentalité et la dureté.

Les attentats contre les propriétés ont, de leur côté, subi de nombreuses flucttuaions.

« Le point de départ des législations primitives est la « séparation du *vol* clandestin et du vol avec violence. « Le premier, seul considéré comme un acte honteux et « lâche, est réprimé par la loi pénale. Ce n'est que bien « plus tard qu'on punit les actes de violence qui ont pour « but de s'emparer de la propriété d'autrui » (*Ibid.*, V, 76).

Le droit romain voyait le vol dans l'enlèvement du simple usage ou de la simple possession, par contre il n'admettait chez le voleur que le mobile du lucre.

Les législateurs modernes ne voient le vol que dans la soustraction de la chose d'autrui, mais ils admettent que la volonté du voleur a pu être déterminée par des mobiles très différents de l'esprit de lucre.

Que faut-il entendre par soustraction? Merlin a enseigné que c'est le maniement de la chose volée. (*Rép.*, V° Vol.)

Suivant les interprètes du droit romain, le maniement de la chose, même non suivi de déplacement, suffisait pour la consommation du délit.

Cette opinion n'a pas prévalu, et, de l'avis général, il est nécessaire, dans notre droit actuel, que la chose ait été enlevée. « Il n'y a point de vol, tant qu'il n'y a point « enlèvement de la chose volée, quand même on aurait « commencé à mettre la main sur cette chose sans la « déplacer. » (Jousse, T. 4, p. 166. V. *Pandectes françaises*, V° Vol, 6, 7).

L'ancien droit n'exigeait pas l'intention frauduleuse au moment de l'appréhension. La jurisprudence moderne hésite.

Le *vol domestique* qui, à la soustraction frauduleuse

joint le caractère d'infidélité, était autrefois réprimé avec une sévérité extrême. Le Code pénal de 1791 atténua cette sévérité. *L'escroquerie* était absolument inconnue dans le droit ancien et « il faut arriver à la loi des 17-22 juillet 1791, pour trouver une disposition générale sur ce genre de fraude. » (Garraud, p. 232, *Traité de Droit pénal*).

En ce qui concerne la fraude, « dans le droit romain » la *Lex Cornelia de falsis* « spécialement promulguée pour « réprimer le faux dans les testaments et les monnaies, « devint le point de départ de son incrimination. Sous « l'Empire, en effet, la Lex Cornélia reste bien la base du « système répressif en cette matière, mais de nombreux « cas ont été ajoutés peu à peu aux cas prévus par cette « loi... Dans l'ancien droit germanique, on trouve bien « diverses formes du délit de fraude, mais sans qu'il soit « permis de reconstruire avec ces fragments épars un « concept général, suffisamment précis et déterminé. Les « populations germaniques, plus adonnées à l'agriculture « qu'au commerce et à l'industrie, eurent peu l'occasion « de souffrir de la fraude dans les relations contrac- « tuelles. Il faut arriver au développement industriel et « commercial qui caractérise l'Europe moderne, pour que « le besoin se fasse sentir de la réprimer. » (*Ibid.*, p. 229).

L'abus de confiance, prévu et puni par l'article 408 du Code pénal français, a été considéré pendant longtemps comme ne troublant pas l'ordre public et ne pouvant donner lieu qu'à une action en dommages-intérêts. Quelques-uns des faits, les plus graves, se rattachant à cette rubrique, se trouvaient compris dans la qualification générale de vol.

« Le droit romain, par exemple, réprimait sous ce titre « le fait du créancier qui détournait la chose qui lui avait « été remise en gage, du dépositaire qui se servait de « l'objet mis en dépôt entre ses mains, de l'emprunteur « qui dissipait les effets qui lui avaient été confiés à « titre de prêt. » (*Ibid.*, V., p. 302).

« Le Code pénal de 1810 punissait de la même peine « tous les auteurs d'un abus de confiance, quelle que fût « leur qualité. Mais la loi du 28 avril 1832 vint attribuer « à l'abus de confiance commis par des domestiques et « hommes de service à gages les caractères d'un crime. » (*Ibid.*, p. 335).

Au sujet du *jeu et du pari*, « deux systèmes se partagent « les législations européennes sur l'étendue de l'incrimi- « nation; le premier punit quelquefois de la même peine, « le plus souvent de peines distinctes, tant les simples « joueurs que les tenanciers de maisons de jeux. (Tel est « le système des codes d'Allemagne, paragraphes 284 et « 285, d'Autriche, paragraphe 522, de Hongrie, articles 87 « et 88; d'Espagne, article 358; de Hollande articles 456 et « 457; d'Italie, article 485). Le second ne punit pas les « simples joueurs, mais seulement ceux qui tiennent les « jeux, les administrateurs ou entrepreneurs. C'est ce « dernier système qui est celui du Code pénal français, « comme c'est le système des Codes belge et genevois. » (*Ibid.*, p. 384).

« L'ancien droit n'avait pas à prévoir et à punir le fait de « *coalition*, soit entre les maîtres, soit entre les ouvriers ; « les individus exerçant la même profession étaient en « effet réunis en corporations et chaque corporation

« impliquait la légitimité de la coalition dans l'intérêt « professionnel. Ce fut l'abolition des corporations par « la loi des 2-17 mars 1791 qui conduisit, comme corol- « laire de cette mesure, à voir un délit dans la coalition « des maîtres contre les ouvriers ayant pour but l'abais- « sement des salaires. » (*Ibid.*, p. 436).

Le délit d'*embauchage pour l'étranger* a été, plus que tout autre, subordonné aux circonstances. Le Code pénal exige que cet acte ait pour but de nuire à l'industrie nationale. « Cette condition révèle à quelle préoccupation « le législateur a obéi en 1810. Engagé dans une lutte « commerciale autant que militaire, l'empereur Napoléon « pouvait craindre qu'au prix de sacrifices énormes on « ne cherchât à enlever à des établissements français les « ouvriers qui leur étaient nécessaires. » (*Ibid.*, p. 472).

« La comparaison entre le droit ancien et le droit nou- « veau, sur les fraudes en matière de marchandises ven- « dues, est faite de contrastes. Avant la Révolution, la « sévérité des lois est excessive, et cette rigueur s'explique « soit par l'état des mœurs assez peu indulgentes pour « les falsifications, soit par la conception juridique erro- « née qui rattachait au crime de faux toute action men- « songère. La Révolution marque l'époque où la législa- « tion contre les falsifications atteint, au contraire, les « dernières limites de l'indulgence. » (*Ibid.*, p. 480).

Nous terminerons cette revue sommaire et, pour ainsi dire schématique des fluctuations pénales en jetant un coup d'œil sur la répression du crime de *fausse monnaie*. « Les législateurs ont longtemps méconnu les vrais carac- « tères du crime de fausse monnaie. Le dommage que ce

« crime entraîne, les alarmes qu'il peut répandre dans « la Société, leur ont paru motiver les peines les plus « rigoureuses. A Rome, ce n'était pas seulement la falsi- « fication de la monnaie que punissait la loi ; c'était « l'offense faite à la personne du prince, c'était surtout « l'usurpation du droit impérial de battre monnaie : de « là, la qualification qui plaçait la fabrication de la fausse « monnaie au rang des crimes de lèse-majesté. La péna- « lité n'était que le corollaire de cette qualification ; les « faux monnayeurs, punis d'abord de la déportation, du « travail des mines, et puis de l'exposition aux bêtes, s'ils « étaient de libre condition, du dernier supplice, s'ils « étaient esclaves, furent ensuite uniformément soumis à « l'horrible peine du feu ». (Chauveau et Faustin Hélie. *Théorie du droit pénal*, III, 162).

En France, il y a des variations. Avant le règne des lois romaines, un capitulaire de Childebert III, en 744, ne condamnait les faux monnayeurs qu'à avoir le poing coupé. Deux ordonnances de Louis le Débonnaire et de Charles le Chauve confirment cette pénalité. Mais, dès 1262, Louis IX établit la peine de mort et la confiscation des biens. Cette pénalité s'est maintenue, avec des modalités diverses, jusqu'en 1832, où elle fut remplacée par celle des travaux forcés à perpétuité.

Il est à remarquer que dans nul pays le crime de fausse monnaie n'est puni aussi sévèrement qu'en France. Les législations des autres peuples l'assimilent soit au faux, soit au vol qualifié, soit même au vol simple, et ne le frappent que d'une peine temporaire. (*Ibid.*, p. 175). En France même, l'application très bénigne de la loi par les juges criminels amène peu à peu la législation à des peines plus douces.

Une recherche plus approfondie des variations de la pénalité serait-elle vraiment bien utile pour atteindre le but que nous poursuivons ? Et n'avons-nous pas le droit de revendiquer le bénéfice de toute l'érudition des autres, dans une étude qui n'a pas l'érudition même pour but ?

Puisque, à propos d'actes dont la criminalité paraissait fondamentale, nous avons constaté des fluctuations, aggravations ou atténuations, évolution variable et souvent contradictoire, il paraît inutile de compléter l'énumération, et nous pouvons bien affirmer, dès maintenant, raisonnant du point de vue social, que si l'accord n'a pu se faire sur aucune des catégories criminelles essentielles, c'est qu'il ne pouvait se faire, *à fortiori*, sur aucune des autres.

CHAPITRE II

LA RELATIVITÉ DU CRIME

Le crime, c'est l'acte puni, avons-nous dit en commençant. C'était une convention qui devait faciliter notre étude, et nous permettre d'isoler un groupe déterminé de faits. Mais, une fois cette sélection faite par un décret de notre esprit méthodique et d'après un caractère extérieur et indiscutable, arbitrairement choisi par nous, nous avons pénétré plus avant, pour découvrir la nature intime.

Quels sont les actes punis ? Vivant à une époque donnée, nous avons ouvert le Code pénal qui régit cette époque, et nous avons vu d'abord, sous cette enveloppe aux contours arrêtés, une grande variété d'actes de toutes sortes : crimes ou délits contre les personnes, contre les propriétés, contre les choses même ; attentats contre la vie, contre la liberté, contre la simple morale, crime ou délit pour avoir fait ce que la loi défendait ou n'avoir pas fait ce que la loi ordonnait ; crimes d'action, crimes d'inaction, infractions où l'intention de nuire est requise, infractions où la simple imprudence suffit pour justifier le châtiment. La variété est grande, et pourtant, elle dépasse de beaucoup encore cette immense perspective.

Certains faits matériels tombant sous le coup de la loi pénale par leurs caractères extérieurs, devront faire l'objet d'une étude spéciale et approfondie de la part du juge relativement à l'intention de ceux qui les ont commis, de telle sorte que ces faits ne seront finalement punis que si l'élément intentionnel se joint à l'élément matériel. Les criminalistes s'arrêtent à cette première vue du présent ; où plutôt, voulant expliquer l'état actuel de la législation, ils ne consultent le passé et l'avenir qu'en vue du présent et pour l'utilité de leurs contemporains. Le rôle du philosophe, du criminologiste est tout autre ; il est pour ainsi dire inverse. Pour répondre au but premier de toute philosophie, il poursuit les causes et les raisons des choses ; aussi, pour lui, la vue du monde extérieur, des premiers phénomènes qui s'offrent à son observation constitue une simple base, indispensable d'ailleurs pour des recherches plus larges. Le criminaliste peut et doit mettre ses idées en avant. Il a des convictions, il voit le bien et le progrès dans telle réforme, tel retour au passé. Il doit le dire, et contribuer pour sa part à l'évolution des lois.

Le criminologiste cherche simplement à comprendre, et si son influence se fait sentir dans un sens ou dans l'autre, c'est à son insu, étant homme de science et non d'apostolat.

Ce qui est, pour les autres, le point d'arrivée et le but poursuivi n'est pour lui qu'un point de départ, d'où il s'élance à la découverte.

Après avoir considéré la législation pénale de son temps, qui se présente à lui dans toute sa variété complexe et incertaine, il étend la main ou plutôt projette sa loupe sur un fait incriminé, le premier venu. C'est par exemple un délit de définition récente, investi du caractère pénal à raison de circonstances économiques, nationales ou autres, encore présentes à l'esprit de tous. Les nations voisines ne sont pas unanimes à le réprimer. S'élève-t-il un peu dans l'échelle des peines? Cette fois, c'est un fait qualifié crime par la plupart des nations civilisées, mais dont le caractère pénal n'est manifestement pas antérieur à l'ère chrétienne.

Il arrive ainsi aux plus grands crimes, à ceux auxquels sont réservés les pires et suprêmes châtiments; et pour ceux-là aussi, si l'on remonte aux époques de barbarie ou si l'on se transporte chez les peuples sauvages, c'est l'impunité, presque la gloire attachée à l'emploi victorieux de la force brutale.

« Quand on veut étudier le crime chez les sauvages et « chez nos premiers ancêtres, écrit Cesare Lombroso, on « rencontre la même difficulté qui se présente dans l'étude « des animaux. Comme chez ces derniers, le crime, chez « les sauvages, n'est plus une exception, mais la règle « presque générale. Aussi n'est-il considéré par personne « comme un crime et se confond-il, dans ses origines, « avec les actions les moins criminelles. » (Lombroso, *L'Homme criminel*, p. 36.)

C'en est donc fait; tout s'évapore à l'examen, tout échappe à l'étreinte. Nulle part la terre ferme, pas un point fixe pour faire un pas en avant. Si, pourtant : une société peut vivre peut-être sans pénalités, mais à coup sûr il n'y a pas de pénalités sans société. La pénalité est liée à l'état social; elle est essentiellement d'origine sociale.

La société peut être aussi restreinte que possible et se limiter à la famille, peu importe; c'est une société et la pénalité y trouvera son terrain. Si l'on veut trouver les causes du crime, il faut les y chercher; c'est là qu'elles sont.

CHAPITRE III

LE DÉTERMINISME SOCIAL ET LE DÉTERMINISME CRIMINEL

Pas de crime sans société, parce que le crime, c'est l'acte puni et que la peine ne peut provenir que d'une autorité supérieure à l'individu. En effet, toute peine représente, par définition, un traitement semblable infligé aux individus qui accomplissent les actes défendus par la loi. Ce n'est donc pas l'individu qui punit l'individu, mais un être collectif supérieur à chaque individu, et dont l'autorité prétend s'imposer à chacun. Il ne saurait y avoir de confusion entre le châtiment infligé par un individu à un autre, et qui s'appelle la vengeance, et l'expiation imposée par une autorité distincte de la victime, supérieure à ses ressentiments personnels et par suite mieux soustraite aux exagérations de la rancune.

Autrement dit, notre définition première, qui est notre base fondamentale, représente essentiellement un rapport entre deux termes : individu et société, dont la peine est le lien d'ailleurs perpétuellement mobile. Ce rapport constant tient à ce que la société est constituée par l'ensemble des individus, et que l'individu, terme inférieur, fait donc partie intégrante du terme supérieur.

Il en résulte que la vie circule constamment entre eux et qu'ils puisent sans cesse leurs caractères l'un dans l'autre.

C'est peut-être ici le lieu de donner une brève esquisse d'une discussion toujours ouverte.

La société est-elle la simple addition des individus qui la composent, ou bien n'est-elle pas plutôt un être spécial, une combinaison *sui generis* dont l'autorité lui vient justement de son caractère supérieur et distinct ? Nous répondrons en confrontant la réalité individuelle et la réalité sociale.

« L'idée que l'individu est le créancier éternel de la « société, que celle-ci a besoin de son consentement pour « exister, qu'elle peut voir son fonctionnement suspendu « par le veto individuel, cette idée a suscité toutes les « revendications et paralysé les répressions salutaires. « Or, c'est elle que la science a détruite. Du créancier « hautain, elle a fait un débiteur insolvable. Elle a mon- « tré dans chaque état de civilisation, non seulement la « source des commodités et du bien-être de la personne, « mais la limite du développement de ses facultés... Une « loi encore vague, mais appuyée déjà par un nombre « suffisant de preuves, rattache le développement de la « conscience individuelle à celui de la civilisation géné- « rale : la différence entre l'enfant et l'adulte est d'autant « plus grande que la civilisation scientifique, esthétique « et industrielle est elle-même plus développée. Dès lors, « il appert que l'individu doit à l'éducation sociale la « meilleure part de cette personnalité, dont, selon le mot « de M. Ravaisson, on l'invitait à décréter l'apothéose. » (Gaston Richard, *Essai sur l'origine de l'idée de droit*, introduction).

L'individu nous le connaissons, c'est nous-mêmes,

c'est ce qui est à la fois le plus simple et le plus complexe, le plus particulier et le plus général. Le plus simple parce que c'est l'unité sociale, le plus complexe parce que sur lui viennent battre les ondes du monde physique et du monde moral, le plus particulier, parce qu'il n'y a pas deux individus qui se ressemblent, le plus général, parce que ses caractères essentiels sont ceux de l'humanité entière.

Prenons d'autre part le groupe social qui de nos jours domine les autres : la nation, et choisissons celle que nous connaissons le mieux : la nation française. Quelle variété infinie s'offre à notre examen ! Quelle diversité de races, de religions, d'opinions, de mœurs, de couleurs même ! Quel rapport y a-t-il entre tel citoyen de la Guapeloupe et tel électeur parisien ? Où est le lien entre tous ces éléments hétérogènes ? Peut-on dire qu'on est Français parce qu'on vit depuis plusieurs générations sur la même terre, sous le même ciel ? Mais un nègre naturalisé peut se dire aussi Français que le descendant d'une vieille lignée militaire.

Aucune ressemblance physique, aucune concordance morale n'étant exigées, il reste qu'on est Français parce qu'on s'est placé ou qu'on s'est trouvé placé sous l'empire et l'égide de la loi française, sans plus. La nation française, c'est l'ensemble de ceux qui, acceptant les avantages de la loi française, sont tenus d'obéir à ses prescriptions.

Or, cette loi quelle est-elle ? et plus spécialement qu'est notre loi pénale ? D'où vient-elle? Aujourd'hui du suffrage universel, hier du suffrage restreint, autrefois, de la volonlé des Parlements, à l'origine, de la volonté royale. Mais sous quelque forme que ce soit, on peut affirmer qu'elle sort des entrailles nationales comme l'arbre de la terre qui l'alimente par ses racines. Le souverain, roi ou parlement, peut bien vouloir innover, imposer ses vues personnelles, il ne reste pas moins que chaque article nouveau, dès sa première application, retombera sur la masse française et subira son contrôle.

Bien plus, comme il n'y a pas plus de cloisons étanches entre les peuples qu'entre les individus, on peut bien dire qu'une législation se rattache à l'état général de l'humanité entière.

L'humanité, c'est-à-dire une circulation indéfinie et contradictoire de sentiments, luttant contre les idées, de désirs combattus par des résolutions, et de sentiments qui s'entrechoquent ou de principes qui se détruisent sans fin. De sorte que, si l'on veut étudier les influences qui collaborent à la formation des lois, c'est un horizon sans bornes qui s'offre au regard, c'est l'imprécision et le chaos.

Ainsi, la confrontation des deux termes : individu et société, ne fournit au premier abord aucune lumière. L'un et l'autre sont à double face, la face simple, unifiée, précise, concrète qui est, pour chaque individu, son unité distincte et autonome ; pour chaque société, son unité législative ; et la face complexe, contradictoire, déconcertante, qui est pour chaque terme l'infinité des influences, des courants qui aboutissent à ces unités sans cesse en transformation. Comment sortir de ces ténèbres ?

CHAPITRE IV

LES RAPPORTS DE LA LOI ET DE L'ACTION CRIMINELLE.

Il semble pourtant qu'il y ait dans ce tourbillon un élément permanent : c'est le fait même de la loi. De même qu'une personne physique ne peut rien faire de ses membres, ne peut pas vivre même sans tenir compte tout de suite des lois élémentaires du monde physique, de même une société, si restreinte soit-elle, ordonne et défend, manifeste son existence spéciale par une volonté spéciale. La loi, écrite ou verbale, usage ou code, est l'organe nécessaire de la pénalité.

Prenons donc une loi pénale de création récente : la loi de 1894, par exemple, réprimant les menées anarchistes... Des bombes ont été déposées sur divers points de Paris ; plusieurs existences ont été supprimées ou compromises. Une propagande incessante continue à être faite par les meneurs ; on ne sait ce qui va se passer encore.

L'action publique s'est exercée vigoureusement après chaque fait tombant sous l'application de la loi pénale. On a poursuivi, on a arrêté, on a condamné, on a emprisonné, déporté, guillotiné même. Jamais répression plus énergique et plus générale ne s'est exercée en si peu de temps. Et les attentats continuent. Il semble que la répression soit devenue, pour les compagnons restés libres, un stimulant et comme une palme glorieuse à conquérir. La justice a fait tout ce qu'elle a pu, et voici qu'elle envenime au lieu de guérir.

L'opinion publique s'émeut, réclame une protection plus efficace. L'exécutif répond en prouvant qu'il a fait tout ce qu'il pouvait faire. La parole est au législatif. Tous ceux qui se font arrêter ainsi pour des actes de violence se disent inspirés par une doctrine ; le besoin se fait sentir peu à peu d'aller chercher le mal où il puise ses inspirations : dans la doctrine elle-même. Il faut réprimer la propagande anarchiste.

Les légistes professionnels élaborent divers projets de loi. Les commissions les discutent; le gouvernement choisit celui qui lui convient, et le propose au Parlement. Les débats sont ouverts sur ce projet. Plusieurs journées y sont consacrées. Les orateurs les plus opposés développent leur opinion à la tribune.

Divers amendements sont présentés et discutés : on vote. Les uns acceptent tel quel le projet du gouvernement; d'autres le repoussent en entier, les autres l'acceptent en partie. La majorité étant souveraine, on finit par aboutir à une loi précise qui désormais réprimera les menées anarchistes dans des conditions déterminées.

Cette loi va être celle de tous les citoyens français, sans aucune distinction. Quiconque commettra les nouveaux délits visés sera puni dans les conditions qu'elle a prévues. Or cette loi, quelle est-elle? d'où vient-elle ? Elle est officiellement l'expression de la volonté générale. Mais en réalité, que représente-t-elle?

Il y a une première grande division à constater entre partisans et adversaires de la loi. Un tiers du Parlement lui était hostile et pourtant ce tiers devra lui obéir, avec tous les citoyens qu'il représente.

Retenons, si l'on veut, les deux tiers qui s'en sont déclarés partisans: la moitié d'entre eux ne l'a pas fait sans réserve ; supposons pourtant qu'il existe un député, un seul, qui ait voulu la loi telle qu'elle est depuis le premier jusqu'au dernier article ; est-ce qu'à chaque instant il n'a pas eu à opter? à décider entre les conseils de la raison et les suggestions du cœur? Les motifs les plus divers l'ont assailli; il a donné le pas aux uns sur les autres. S'est-il décidé à la légère ? C'est qu'alors il a agi en impulsif en laissant de côté, par son manque de réflexion, toute une infinité de motifs d'agir différemment qui étaient en lui à l'état latent, qui faisaient partie de lui-même et qu'il n'a pas vus.

La loi ne représente donc exactement personne. Mais inversement il est vrai de dire qu'elle représente un peu tout le monde.

Les adversaires de la loi ont exprimé leurs idées ; ils ont, au moins par leur attitude ou leur abstention, manifesté leur désapprobation. Qu'ils l'aient voulu on non, ils ont soulevé dans l'océan parlementaire des vagues qui ont réagi sur les vagues voisines. Sans eux peut-être, le projet primitif aurait été voté sans réserve. Sans eux aussi, sans les suggestions de la rancune, leurs adversaires auraient peut-être atténué davantage leur projet, au lieu d'en faire une arme de guerre. S'abstiennent-ils prudemment d'intervenir ? Les uns y verront une manœuvre dénotant une habileté dangereuse, d'autres une inertie vraie et profonde. Quoi qu'il en soit, quoi qu'ils fassent, ils contribueront à faire de la loi ce qu'elle est.

Tout le monde y a donc concouru : la loi est bien un peu l'œuvre de tous. Bien plus, tous ces motifs divers proviennent de lectures, d'exemples, qui ont franchi les mers ou les siècles. Une œuvre lancée de par le monde produit indéfiniment ses effets, rien ne peut l'arrêter : il n'est pas un ancêtre, pas un semblable, pas un être qui puisse être absolument négligé si l'on veut rendre compte d'une loi.

On voit par là que la société n'est pas la simple addition des individus. La société représentée par la loi, son organe, est à la fois infiniment plus et infiniment moins que cette addition. Infiniment plus, parce que la loi, procédant de tous dans le temps et dans le monde, dépasse de beaucoup l'état actuel de la société spéciale et présente d'où elle émane ; infiniment moins, parce qu'elle résulte d'une série d'options entre des motifs, dont les plus nombreux doivent être sacrifiés par elle, alors que tous se trouvent répandus dans la grande addition humaine.

La société est évidemment autre chose que l'addition de ses membres ; les rapports de l'individu et de la société reposent donc sur une influence mutuelle.

La société, par l'organe de la loi, donne des ordres à l'individu, elle commande, et nous dirons, puisqu'il s'agit de criminologie, qu'elle sanctionne ses ordres par des peines. Mais, inversement, l'individu réagit sur la société, sur la loi. La loi, et en particulier la loi pénale, n'est pas immuable. Elle est sans cesse en transformation ; pas une de ses prescriptions n'a été absolument intangible et sacrée. Si donc la loi ordonne, il est vrai de dire aussi que l'individu fait et défait la loi, en fait son œuvre continue, c'est de lui qu'elle reçoit ses inspirations.

Et c'est parce que la société est autre chose que la simple addition des individus que le mouvement circule sans cesse au milieu d'eux. Si la loi pouvait refléter toutes les tendances, toutes les influences, tous les états d'esprit ou de cœur, toutes les volontés qui ont afflué vers le législateur au moment où ses décisions ont été prises, la loi serait la photographie de la multitude, elle se confondrait avec elle, et le monde n'aurait pas avancé d'un pas.

Mais le législateur a dû opérer un triage; toute loi supposant une sélection, non-seulement entre les individus, mais encore dans chaque individu, entre les diverses virtualités de la nature. Ceci est bon, ceci est mauvais. La loi est appliquée, et comme tout se tient, comme tout fait nouveau jeté dans la circulation produit des répercussions illimitées, cette obligation d'agir modifie les idées et les mœurs. Les anciens partisans de la mesure, en la voyant dans les faits, perdent quelques illusions.

D'autre part, ses anciens adversaires, profitant malgré eux de ses bons effets, perdent en partie leur antipathie; la physionomie morale du monde est changée. Dans quelque temps, sous la pression de l'opinion nouvelle, il faudra trouver une autre formule mieux adaptée aux désirs nouveaux, et c'est ainsi qu'indéfiniment, l'opinion poussant les lois et les lois poussant l'opinion, l'évolution pénale, sociale et individuelle se poursuit d'étape en étape.

C'est ce que Tarde exprimait par cette formule saisissante : « Un code peut être considéré comme la conclusion, plus ou moins bien tirée, d'un gigantesque syllogisme pratique, dont la majeure est fournie par l'état des aspirations, des passions, des appétits dans une société donnée et la mineure par l'état des connaissances, des croyances, des idées. Donc toute entreprise, toute innovation, toute invention qui tend à modifier la majeure ou la mineure doit avoir son contre-coup législatif. » (Tarde, *Les transformations du Droit*, p. 197).

Vue de haut, à un point de vue général et synthétique, l'action criminelle est vraiment insaisissable et impossible à définir. Tout a été soutenu ; tout a été permis ou défendu. La société évolue perpétuellement, l'individu aussi ; les deux s'influencent mutuellement sans qu'on puisse jamais dire d'où vient l'autorité première. La société semble bien donner des ordres à l'individu, mais celui-ci peut se dire la source première de toute loi, l'auteur perpétuellement responsable et souverain de ses transformations. Il faut enfin sortir de ce vain balancement et recourir à l'analyse.

Au lieu de considérer l'ensemble, examinons le détail. Aussi bien le tout est-il forcément le reflet des parties, et l'examen de celles-ci ne saurait-elle être œuvre inutile.

Vue à un moment déterminé du temps et sur un point précis de l'espace, l'action criminelle est la résistance à une loi établie. Il s'agit ici d'une résistance réelle, effective. Peu importe donc, en fait, qu'un citoyen qui a contrevenu à la loi pénale établie ait été au fond et spéculativement partisan de la mesure qu'il a violée. Peu importe aussi que le citoyen que nous rencontrons ait été et reste encore un adversaire de la même loi, si dans sa vie pratique il la respecte.

Ce qui importe ici, c'est le fait, et ce qui nous occupe, c'est, non pas l'idée du crime, mais le crime réel, l'action criminelle.

Aussi bien l'idée est-elle subordonnée à l'acte, l'inspirant d'abord, mais obligée de le suivre ensuite où il plaît à celui-ci de la conduire.

« Car dans une action, il y a plus que cette action. Il « y a la cohésion, la solidarité, l'union réelle de tout ce « qu'elle emploie et de tout ce qui y collabore... C'est « qu'en effet l'action réelle ne saurait être partielle, « divisée, multiple comme peuvent l'être la pensée ou le « rêve. Ce qui se fait se fait. Tout ou rien. Et dans l'opé- « ration qui meut les organes, il y a entre les membres « une liaison inévitable ; peu importe que je sois encore « hésitant et combattu : si j'agis, j'entraîne d'un côté la « machine toute entière ; et tout suit, par persuasion ou « par violence, mais en tout cas par nécessité... Ainsi, « tout naturellement, l'action enveloppe et emporte les « tendances les plus opposées. Bref l'action, quelle qu'elle « soit, ébranle et emporte toute la machine ; du moment « où l'opération voulue s'accomplit en nous, il y a syner- « gie et concours de fait. C'est une vivante synthèse. « Que d'idées et de sentiments nous pouvons mettre dans « un acte tout simple et tout rapide, dans une poignée de « mains ! Or cette unité des actes a pour corollaire forcé « la solidarité de la vie physique et de la vie morale ». (M. Blondel, *L'Action*, p. 182 à 187).

« C'est dans l'action que se résume toute la réalité pra-« tique et sociale ; elle est cette réalité même, déterminée « à la fois du dehors par la forme qu'elle affecte, et du « dedans par l'orientation idéale qu'elle indique. C'est un « fait, une donnée, et, de toutes les données, la plus élé-« mentaire, la plus immédiate, celle dont toute autre est « dérivée. Et c'est aussi une idée, non un concept abs-« trait et vide, mais une idée bien vivante, un idéal, le « passage constant de ce qui est déjà à ce qui, n'étant « point encore, est désiré ou voulu, et en même temps « rendu possible par ce qui est. L'action est ainsi le lien « de l'objectif et du subjectif, de l'actuel et de l'idéal, le « point de rencontre du donné et du construit ; plus « encore, une réalité plus vivante que tous les termes de « ces oppositions et la matière commune de toutes. » (Bernès, *Revue philosophique*, 1895, I, 249).

Qu'est-ce à dire ? sinon qu'il ne saurait être question d'opinion, quand une fois on a agi ? L'homme qui a contribué, par son influence d'idées, à faire établir une loi pénale, sort, par son acte criminel, du pacte social qui était un peu son œuvre ; du moment où il a commis l'acte criminel, tout a suivi et l'idée s'est en lui subordonnée au fait.

Et d'autre part l'adversaire d'une loi pénale qui s'y soumet dans la pratique, y soumet, au moment où il agit, sa raison et son cœur. L'opinion qu'il avait ne nous intéresse donc plus.

Les vrais criminels, les seuls, sont ceux qui violent la loi dans leurs actes. La question à se poser est donc celle-ci ? pourquoi viole-t-on la loi pénale ?

Le crime n'étant, par lui-même, que la violation pratique des lois pénales, il faut chercher ce qui peut provoquer cette violation.

Et ici, il faut sortir délibérément du terrain spéculatif sur lequel nous nous trouvions placés encore sans l'avoir voulu.

Dire que la loi est violée en fait parce qu'elle ne satisfait pas les opinions de tous ne serait pas une raison suffisante. On peut, en effet, être partisan d'une loi, l'approuver et y contrevenir.

Il est vrai que les idées ne sont pas les seules à contribuer à l'élaboration des lois. Les mœurs, les coutumes, les traditions, les actes enfin y déploient une influence décisive. Mais ces influences sont encore bien indirectes, et il n'est pas rare de voir une loi votée par esprit de combat et de réaction, au nom d'une idée contre les mœurs ou au nom d'une routine contre une idée. Ce qu'il faut chercher maintenant, c'est la cause réelle du crime réalisé.

CHAPITRE V

L'ORIGINE DE LA PEINE

« Point d'acte, si intime soit-il, qui, forcé toujours de « s'exprimer, ne fasse appel, hors de l'individu, à une « sorte de complaisance et de collaboration. Un geste, « une parole, ne sont possibles que par le milieu où ils « se manifestent; le phénomène n'est ni de nous seule- « ment, ni du monde ambiant seulement ; il est de tous « deux, et pour ainsi dire indivisiblement... C'est donc « en toute vérité que pour agir il faut s'accommoder à « son milieu... On ne produit rien qu'on ne l'extraie en « même temps de puissances souvent traîtresses... Nous « rentrons dans le déterminisme de la nature pour le « solliciter à notre gré et l'orienter vers nos fins. Nous le « sollicitons comme il nous sollicite... Aussi pour agir et « pour réussir, en quoi que ce soit faut-il savoir s'y « prendre. Toute œuvre faite suppose deux causes effi- « ciente qui se correspondent et se complètent.» (M. Blondel, *L'Action*, p. 219).

Le moindre de nos actes est le fruit d'une collaboration. Le nouveau-né ne conserve la vie que s'il adapte aussitôt son système respiratoire à l'atmosphère qui le reçoit. En étendant mon bras, je tiens compte de son milieu de déploiement, et j'obéis, le plus souvent inconsciemment ou instinctivement, aux lois essentielles du monde physique.

Du moment que, pour agir, j'ai besoin d'un concours étranger, je ne puis entrer en combinaison avec lui que si je le connais ou si d'avance je m'incline devant ses exigences établies.

Nos rapports sont donc réglés par des lois qui sont en quelque sorte des lois pénales, puisque la méconnaissance pratique de ces lois entraîne des châtiments.

Si je veux traverser une rivière, je dois avant tout respecter la loi de la pesanteur qui dominera nos rapports : à la première infraction, c'est la mort ou tout au moins la maladie.

Je dois donc, pour exercer mon action simplement individuelle, connaître le milieu physique où elle va se déployer et qui deviendra son nécessaire collaborateur.

Ou plutôt je dois, consciemment ou non, respecter les lois de cette collaboration.

Ces lois ne seront ni de moi seul ni du monde extérieur seul; elles seront extraites de notre rapport et par suite supérieures à chacun pris isolément.

Sur les lois de ces premiers rapports, pas de divergences. On les sait inexorables, et les châtiments qu'elles infligent sont acceptés avec résignation.

Contre elles, pas de révolte. Une fois connues, on les respecte, et si on les viole, c'est par oubli ou par folie.

Mais ces lois sont nombreuses : il faut se conformer à toutes à la fois, et comme il est impossible de penser à toutes, et comme il faut s'y conformer avant même de les avoir connues, on ne peut que faire crédit à l'instinct de conservation qui, chez les natures équilibrées, supplée à la conscience imparfaite.

Autrement dit, la vie physique repose sur un équilibre entre tous les membres; que l'un quelconque d'entre eux veuille avoir la prépondérance, et le châtiment ne se fait guère attendre. Chaque partie ayant son rôle à jouer dans le tout, l'être sain physiquement est celui dont la force se trouve équitablement répartie entre les diverses parties de son corps. Lorsque l'une quelconque d'entre elles veut prendre la direction exclusive, elle accapare un surplus de force qu'elle enlève au reste. Les autres membres épuisés sont voués à la maladie et à la mort.

Il semble bien qu'il faille chercher là le secret de la vie physique, tout au moins dans ses rapports constants avec la vie extérieure.

Collaborer avec le milieu, en laissant à chaque organe son rôle propre, sans laisser jamais se développer une force au détriment des autres, telle en paraît être la formule pratique.

Mais la question s'élargit lorsqu'il s'agit de la collaboration ou, plus exactement, de la « coaction » des personnes, si l'on entend ainsi leur coopération.

Pour utiliser plus complètement le milieu physique lui-même, pour « tirer parti » en quelque sorte de la situation de fait dans laquelle elles ont été placées, les personnes collaborent avec les personnes.

Qu'il s'agisse de la moindre chose : déplacer un meuble lourd, faire parvenir des nouvelles, se transporter rapidement d'un endroit à un autre, il faut être deux, trois, cent, il faut être plusieurs et combiner les efforts; et, comme dans la collaboration avec le monde extérieur en général, il faut obéir à des lois qui régissent ces rapports.

« La vie individuelle est forcément amenée à s'ouvrir et à se répandre ; elle fait concourir d'autres forces à ses fins ; elle cherche au dehors un complément ; elle espère une confirmation et comme un redoublement de sa propre énergie. » (Blondel, *L'Action*, p. 245).

Nous cherchons nécessairement la collaboration d'autrui, ne serait-ce que pour perfectionner notre simple vie physique.

Mais de même que pour vivre physiquement il faut respecter l'équilibre des organes, il faudra, pour vivre socialement, pour collaborer avec d'autres êtres semblables à nous, respecter l'équilibre de ce qui est en nous purement humain, les facultés psychologiques, et cela tout de suite, dès les premiers rapports, sinon c'est la désagrégation, c'est la ruine, c'est le châtiment.

Que nous le voulions ou non, nous bénéficions, par le fait que nous vivons en société, de toute la somme d'avantages représentée par la législation en vigueur.

Nous pouvons en penser du mal, mais il ne nous appartient pas d'en repousser pratiquement le bénéfice. La loi présente s'étend à tous les actes de notre vie, et nous rend des services, même si elle n'a pas nos préférences, de même que le système circulatoire entretient notre vie physiologique même si nous n'apercevons pas clairement son rôle dans la vie organique. Donc, si nous prétendons profiter du bénéfice de la vie sociale sans payer la société de retour, nous rompons le pacte social, nous acceptons, d'une part, la collaboration offerte en refusant, d'ailleurs, d'exécuter les engagements implicites de notre vie.

En effet, le contrat social présente un caractère tout particulier. Tandis que les contrats ordinaires supposent la liberté pleine et entière des deux contractants, ici, l'individu se trouve engagé, sans l'avoir voulu formellement, vis-à-vis du corps social, dont il est l'obligé antérieurement à la conscience claire du contrat.

En fait, il a profité des avantage de la vie sociale, sous réserve du respect des lois sociales, et, s'il y contrevient, il contracte une dette, vis-à-vis de la société, qui la lui fait payer sous forme de peine.

Autrement dit, en arrivant en société, nous trouvons des lois établies comme nous trouvons des lois dans le monde physique où nous avons à nous mouvoir. Ces lois, si variables et imparfaites qu'elles soient, n'en sont pas moins l'aboutissement et comme la synthèse provisoire des tendances multiples du corps social ; elles résultent, nous l'avons vu, d'une collaboration en partie consciente, en partie inconsciente, en partie directe, en partie indirecte, de tous.

Obligés d'agir tout de suite, le mieux paraît être de s'y conformer aveuglément d'abord, quitte à reprendre une par une ces lois établies, à les étudier, les disséquer minutieusement pour arriver à les observer d'une façon pleinement consciente.

Or, il faut bien constater qu'une législation, pour être applicable, ne peut pas être comme une loi forgée abstraitement par le cerveau d'un légiste. Celui-ci peut échafauder une législation parfaite pour la société idéale que son esprit conçoit.

Par contre, une législation procède non seulement des idées d'un peuple, mais aussi de ses sentiments, de ses passions plus ou moins généreuses, des souvenirs de l'imagination populaire, de sa volonté plus ou moins maîtresse d'elle-même, des impressions raffinées des élites comme des naïfs enthousiasmes de la multitude.

Le plus sûr moyen de vivre en parfaite harmonie avec les éléments divers du corps social dont on fait partie, serait donc de profiter de cette accumulation d'expériences variées. Il s'agit, ne l'oublions pas, de vivre avec des êtres semblables à nous, mais dont aucun ne nous est identique.

Or la vie sociale nous appelle impérieusement ; commençons par respirer dans la société, nous chercherons ensuite à comprendre comment nous le faisons.

Ce que nous avons dit du tout s'applique à la partie. Ce que nous disons de la loi en général s'applique *a fortiori* à la *loi pénale*. C'est ainsi qu'appuyés sur ces premières constatations, nous aurons peut-être, plus tard, un fil conducteur dans la recherche des causes de l'action criminelle.

Les lois pénales sont comme les autres, le reflet et l'aboutissement, sur un point, des idées, des sentiments, en un mot des actes de l'humanité. Comme elles touchent nécessairement à tous les actes de notre vie courante, nous ne pouvons les ignorer. Il faut s'y conformer ou les combattre.

Or, quelle que soit notre expérience, quels que soient notre talent ou notre valeur foncière, nous sommes essentiellement limités et bornés par rapport à l'œuvre de tous qui est la loi.

La loi étant la réglementation des rapports des individus ou des êtres collectifs avec leur milieu physique ou leur milieu social, et ces rapports étant libres, l'individu peut y contrevenir ; il peut rompre le pacte et attenter à son milieu par sa révolte, mais la réaction ne se fait pas attendre et la peine tombe d'autant plus terrible qu'elle vient du tout contre la partie.

Lorsqu'il s'agit des lois physiques, le châtiment qui punit l'imprudent revêt un caractère de fatalité inexorable provenant de l'inconscience du milieu. Lorsqu'il s'agit des lois sociales et plus spécialement des lois pénales, la peine, nous l'avons vu, varie selon les temps et les lieux; elle varie parce que, cette fois, ce n'est plus un être libre en fonction d'un milieu inconscient, mais un être libre en fonction d'un milieu composé d'êtres libres ; la liberté est en haut comme elle est en bas et, dès lors, ce n'est pas seulement l'individu qui peut changer, mais le milieu lui-même, et avec eux les lois qui à la fois régissent leurs rapports et en résultent.

La peine varie donc à travers les âges et les peuples ; elle n'est pas fatale dans son application comme les réactions des lois physiques ; mais elle est toujours certaine et précise dans son principe, pour chacun de nous, à propos de chaque acte visé par elle.

Et cela nous suffit.

Lorsque le problème d'un acte se pose devant notre liberté, la loi pénale du moment nous ordonne une solution déterminée. Peu importent les phases de notre délibération intime; agissons-nous contre la loi? Nous avons fait une action criminelle.

Que s'est-il passé ?

CHAPITRE VI

LA DISCIPLINE SOCIALE

Il faut reconnaître qu'en principe, nous avons un seul moyen d'agir pleinement, c'est de nous conformer à la loi de notre milieu, et plus le milieu sera large et compréhensif, plus l'action sera riche.

Autrement dit, plus le champ législatif sera étendu, et plus la loi résumera d'influences variées, et plus aussi le fidèle observateur de la loi agira pleinement.

Le sociétaire d'un groupe musical qui ne voudrait connaître que le règlement de sa Société trouverait sans doute peu de réponses aux multiples problèmes de la vie.

Mais le Français qui voudrait obéir strictement à toutes les lois de son pays serait déjà plus sûr de faire bénéficier ses actes d'une plus riche accumulation d'expériences.

En l'absence de législation internationale positive, les législations nationales paraissent bien être la plus haute expression du droit général, et plus spécialement du droit pénal.

Comme nous faisons tous, volontairement ou non, partie d'une nation, il nous faut adopter une règle de conduite dans nos rapports avec nos concitoyens et il nous faut l'adopter tout de suite, dès que nous agissons de concert avec des hommes.

Or, il n'y a pas deux façons d'agir vraiment. Ou mon action sera conforme à la loi établie, et elle sera bien une action digne de ce nom, c'est-à-dire qu'elle se trouvera réglée, équilibrée pleinement par un précepte qui procèdera lui-même de la vie totale et générale et aura ainsi qualité pour l'inspirer dans sa plénitude.

Ou elle sera une révolte, c'est-à-dire qu'elle fera passer ma volonté avant celle de tous.

Résister à la loi, c'est donner, dans la pratique, la préférence à une vue personnelle sur les idées de tous, à un sentiment privé sur le sentiment public, c'est en un mot mettre en conflit ce qui était en harmonie.

Il n'y a pas de si mauvaise loi qui, au premier abord, ne soit préférable à la volonté individuelle livrée à elle-même, si pure et si droite soit-elle.

Une loi, qu'on le veuille ou non, reflète toujours plus ou moins les complexités contradictoires de la vie sociale. Elle peut, dans certains cas, être l'expression de la volonté sectaire d'un groupe au détriment des autres, mais n'oublions pas qu'il s'agit de régler les rapports de l'individu avec le groupe social dont il fait partie et qu'à ce point de vue, il y aura peut-être plus de sûreté à suivre et de vérité à respecter une loi émanée de quelques-uns, qu'une loi émanée d'un seul.

Le but à atteindre, c'est avant tout, pour chacun, la discipline sociale.

Ce qu'il ne faut jamais perdre de vue, c'est la distinction radicale entre l'action agie et l'idée ou le sentiment ou l'imagination ou le désir de l'action.

Pour l'autorité sociale qui punit, une seule chose existe : c'est le crime réalisé.

Chacun peut avoir les idées qu'il veut, éprouver les sentiments les plus opposés, désirer même les évènements les plus blâmables. Il y a bien des crimes ou délits de paroles, mais encore faut-il qu'ils rentrent exactement dans la définition qu'en donne la loi pénale, et l'on doit reconnaître qu'à ce point de vue, aujourd'hui surtout, les législations se montrent assez larges.

Mais ce qui n'est pas permis, c'est de substituer sa volonté privée à la volonté légale dans les actes. Du moment que nous agissons contrairement à la loi, la peine nous est légitimement infligée, et nous sommes vraiment criminels.

C'est que nous n'avons pas le droit, semble-t-il, de jeter un acte dans la vie générale, au nom d'une idée qui n'en a pas encore reçu le contrôle. Le devoir de sincérité vis-à-vis de nous-mêmes nous oblige à dire notre pensée, manifester nos sentiments profonds, avouer nos désirs intimes, et cela, par tous les moyens de propagande dont nous disposons. Mais une fois ces expressions de notre personnalité jetées dans le public, il faut laisser à la vie sociale le soin de les recueillir, de les transformer, de les combiner, d'en faire un aliment assimilable pour l'organe législatif toujours en travail. Et dans quelque temps une germination se serait produite, et nous aurions la satisfaction de voir retomber sur nous, en pluie rendue bienfaisante par le contrôle de la vie de tous, ce qui à l'origine eût été, par défaut d'adaptation, une action proprement criminelle.

Ce qu'il faut donc obtenir essentiellement, dirons-nous d'abord, c'est le respect effectif de la loi pénale établie.

Or, le crime existe. Cette loi pénale est respectée d'une part, violée de l'autre. Nous voyons bien que ceux qui la respectent possèdent cet instinct plus ou moins raisonné de la discipline sociale.

Il nous faut savoir maintenant quelle est la cause de l'action criminelle ? Qu'est-ce qui peut compromettre cette discipline ?

CHAPITRE VII

CAUSES BIOLOGIQUES ET CAUSES PSYCHOLOGIQUES

Si l'on consulte l'École italienne et particulièrement son illustre chef le professeur Cesare Lombroso, le crime serait simplement le produit fatal de la constitution physiologique du criminel.

Réponse admirablement simple au problème complexe qui nous occupe.

Le meurtrier a le cerveau fait d'une certaine façon, le voleur présente telle anomalie dans la structure de son crâne, l'incestueux, le sadique sont constitués physiquement de telle sorte qu'ils ne pouvaient agir autrement. Et l'« Homme criminel », qui est comme l'évangile de la nouvelle criminologie italienne, est rempli d'observations très précises, plus ou moins concordantes, qui tendent à réduire en simples compartiments physiologiques les diverses catégories de crimes.

Une première réponse, s'inspirant des observations mêmes du professeur Lombroso, enferme cette thèse dans un cercle vicieux.

Vous remarquez avant tout la parfaite relativité du crime dans l'espace et dans le temps. C'est vous qui, pour les grands crimes, tels que le meurtre, le viol, avez observé justement qu'ils étaient des crimes pour nous, pour les civilisés, pour nos ancêtres jusqu'à une certaine antiquité, mais qu'en franchissant certaines zones ils devenaient des actions permises, souvent vertueuses.

« Le crime chez les sauvages et chez nos premiers « ancêtres n'est plus une exception mais la règle presque « générale ; aussi n'y est-il considéré par personne comme « un crime et se confond-il dans ses origines avec les « actions les moins criminelles, » (Lombroso, *L'Homme criminel*, p. 36.)

Aucun acte donc qui soit partout et toujours criminel. Que deviennent alors vos observations sur le crâne, le cerveau, etc... ? Le meurtrier a le cerveau fait d'une certaine façon, dites-vous ; mais, s'il n'est pas toujours un criminel ! Le voleur est constitué d'une manière anormale ; mais si, par suite d'une conception différente ou négative du principe de la propriété, le vol est légitime, ce ne sont pas les caractères physiologiques « de l'homme criminel » que vous aurez découverts, mais simplement ceux du meurtrier, du voleur, etc. Et quand bien même vous arriveriez à établir que chaque variété actuelle de crime correspondrait à une constitution physiologique déterminée, et si vous ajoutiez qu'à chaque époque et sous chaque latitude, chaque espèce de crime correspond à une forme physiologique distincte, nous pourrions bien dire que chaque tendance qui se traduit en actes a des racines biologique, mais nous ne pourrions pas dire que les actes criminels ont leurs racines biologiques spéciales.

A cela, Enrico Ferri répond que l'École italienne n'a nullement la prétention de « donner des lois d'anthropologie ou de sociologie absolues et éternelles, bonnes pour tous les siècles et tous les lieux ; nous nous bornons à faire de la sociologie criminelle pour notre siècle et pour le prochain, dans nos pays d'une civilisation à peu près égale avec les éléments positifs que l'anthropologie, la psychologie, la statistique criminelle de ce siècle peuvent nous donner ». (Ferri, la *Sociologie criminelle*, p. 44).

Cela revient à dire que la criminologie se ramène, pour lui à une science du particulier, du détail, du fait présent. Le philosophe peut-il se contenter de cela ? Et quand il va au détail, quand il pénètre dans les réalités présentes, les seules sur lesquelles son observation puisse s'exercer, n'est-ce pas avec l'espoir d'y trouver les secrets du passé et les promesses de l'avenir ?

Et quand il a fait ces généralisations qui sont le but de ses efforts, n'est-ce pas toujours par l'intermédiaire de la psychologie ?

L'intention criminelle n'est-elle pas requise, d'ailleurs, dans la plupart des actes punissables ?

Nous avons placé toute cette discussion sous le bénéfice d'une première définition du crime : tout acte qui donne naissance à une peine, dès qu'il est connu.

Or, si nous avons à étudier les caractères physiologiques des criminels ou plutôt de ceux qui ont agi comme tels, c'est le plus souvent pour savoir s'ils ont laissé subsister le degré de conscience nécessaire pour qu'il y ait crime.

Mais une fois cette conscience constatée, les caractères

physiologiques ne peuvent avoir qu'un rôle absolument lié à celui des caractères psychologiques. Et s'il est vrai que tout ce qui est psychologique a une répercussion physiologique, et tout ce qui est physiologique un retentissement psychologique, en faisant la psychologie de l'homme criminel, nous aurons sans doute tout intérêt à tenir compte de sa structure physique, mais nous n'aurons ainsi qu'une partie de l'explication, et la moins décisive au point de vue pénal, si l'acte puni a sa base dans l'intention, dans la conscience, car c'est alors la science de la conscience, c'est-à-dire la psychologie, qui doit avoir le pas sur la physiologie.

Et d'ailleurs il faut considérer la structure physique, les conditions physiques à leur vraie place qui est celle d'un simple échelon intermédiaire entre l'univers et la conscience, entre le « non moi » et le « moi ». Par le cerveau passent toutes les ondes de l'univers aboutissant à la conscience, d'où elles sortent transformées et retournent, par le cerveau encore, au monde extérieur.

En ce sens on peut dire, en élargissant le principe de la scolastique : *Nihil est in conscientia quod non prius fuerit in sensu*.

Il y a donc dans la conscience tout ce qu'il y a dans le cerveau, mais il y a plus ; si le courant de vie venu de l'extérieur est sorti modifié de la conscience psychologique, le cerveau transmettra de nouveau ce qu'il recevra, mais nous pourrons dire que la raison profonde du changement, le principe transformateur se trouvent dans la conscience et non dans le cerveau.

« Précisément parce qu'un état cérébral exprime simple-

« ment ce qu'il y a d'action naissante dans l'état psycho- « logique correspondant, *l'état psychologique en dit plus « long que l'état cérébral.* La conscience d'un être vivant « est solidaire de son cerveau dans le sens où un couteau « pointu est solidaire de sa pointe : le cerveau est la « pointe acérée par où la conscience pénètre dans le tissu « compact des évènements, mais il n'est pas plus coex- « tensif à la conscience que la pointe ne l'est au couteau. « Ainsi, de ce que deux cerveaux comme celui du singe et « celui de l'homme se ressemblent beaucoup, on ne peut « pas conclure que les consciences correspondantes « soient comparables ou commensurables entre elles. » (Bergson, *L'évolution créatrice*, p. 285).

Et cela est si vrai qu'il suffit de jeter un coup d'œil sur la législation la plus proche de nous, la nôtre, pour y voir confirmer ces observations. Certes, les contemporains devraient être les derniers à contredire cette méthode.

En effet, si l'on considère que, d'une part la plupart des actes punissables ne le sont que si une intention coupable les accompagne, et que, d'autre part, la tentative de ces mêmes actes donne légalement lieu à une égale répression, on est bien obligé d'admettre que le crime existe légalement bien plus dans la conscience qui délibère que dans les organes qui inspirent et qui exécutent.

Et si l'on nous dit que ce sont là des théories pénales transitoires comme toutes les autres, nous l'avouerons bien volontiers, tout en constatant une tendance actuelle qui confirme notre méthode ; et nous dirons en fin de compte, qu'ayant à choisir une position pour examiner l'action criminelle, nous avons préféré celle que nous connaissions le mieux comme étant la plus rapprochée de chacun de nous, l'universelle réalité ne nous parvenant qu'à travers ce suprême et intime intermédiaire.

CHAPITRE VIII

L'ÉQUILIBRE PSYCHOLOGIQUE ET L'ÉQUILIBRE LÉGAL

Être criminel, c'est désobéir à la loi pénale. Quoi que la loi nous fasse faire, du moment que nous conformons nos actes à ses prescriptions, nous sommes honnêtes socialement. Qu'est-ce qui peut nous faire désobéir à la loi pénale?

C'est que notre réalité psychologique est une, mais d'une unité complexe et faite d'éléments variés. Comprendre est une manifestation psychologique, admirer en est une autre, aimer ou rêver en sont d'autres encore.

Or, chacune d'elles est vraiment un cadre pour la totalité de l'univers; il y a une intelligence pour comprendre toute la vérité des choses, une imagination pour admirer toute la beauté de l'univers, une sensibilité pour aimer tout le bien que la volonté réalise; si notre esprit les distingue, elles sont, dans la réalité, combinées intimement, de telle sorte que la faculté même du général et de l'absolu qui est l'intelligence n'est jamais la même, et varie essentiellement d'un individu à un autre. Il n'y a pas de cloisons étanches dans le réel, aussi les éléments de l'unité psychologique, faits pour tout embrasser chacun, se limitent mutuellement et ne réalisent ensemble qu'une œuvre limitée.

Si donc l'individu veut se suffire et ne pas sortir de lui-même, il ne trouve qu'incertitude et chaos. Il ne trouve pas en lui de quoi se régler vis-à-vis des autres, puisque sa nature ne lui fournit aucun principe d'action qui le rende semblable aux autres. En lui-même et vis-à-vis de la société, tout est différenciation. Or, pour agir en société, il faudrait au contraire une faculté de rapprochement. Nous l'avions trouvée dans la loi procédant de chaque élément social, tenant compte des aspects multiples du réel et devenant ainsi le meilleur point de direction, le moins imparfait tout au moins, pour l'action de chacun.

Mais l'individu a rarement conscience de cette limitation mutuelle de ses facultés ; s'il en a conscience, c'est par intermittence ; ou plus exactement, c'est au moment de l'acte réalisé, c'est-à-dire lorsque l'acte est jeté dans le déterminisme général et a commencé d'y produire son retentissement. Dans la délibération qui précède chaque acte, il se produit un conflit durant lequel les facultés se dressent en rivales les unes contre les autres, chacune d'elles visant à l'universalité et à la toute-puissance. Rien d'égoïste comme la sensibilité, si épurée qu'elle prétende être. Rien de tyrannique comme la raison qui se croit souveraine, sans voir que tout le monde lui conteste sa souverainеté et qu'elle est ainsi privée du caractère auquel elle tient le plus.

Rien de dominateur comme l'imagination, qui veut asservir tout le monde à ses rêves, à ses enthousiasmes. Reste la volonté, qui détermine directement les actes et donne un corps aux raisonnements, aux désirs ou aux rêves. Mais elle ne peut rien par elle-même, et pour qu'elle échappe à l'exclusivisme des facultés qui se partageraient la direction, force lui est bien de s'en rapporter à une intervention extérieure qui impose l'accord à ces antagonistes. Cette puissance extérieure, nous l'avons vu, c'était la loi, qui, faite de la collaboration de tous, représentait une combinaison plus ou moins parfaite d'intelligible, de sensible et d'idéal.

Que la volonté ait l'autorité suffisante pour plier l'être humain à cette obéissance acceptée, c'est aussitôt l'individu qui participe des vertus de cette combinaison. Et c'est l'équilibre légal qui pénètre dans les consciences individuelles.

Mais cet équilibre légal est-il toujours si parfait ?

N'est-il jamais en avance ou en retard ? N'est-ce donc pas tourner dans un cercle vicieux ?

Pour que la volonté possède cette autorité indispensable, pour que carte blanche lui soit ainsi donnée, ne faut-il pas que l'équilibre existe en elle et dans la loi ? N'est-il pas nécessaire que chaque faculté ait fait taire ses tendances autocratiques et exclusives ? Si l'obéissance se produit dès que la volonté la réclame, cela ne suppose-t-il pas que l'ordre règne déjà, et qu'il ne s'agit plus que de le maintenir ?

La première œuvre à faire est de rechercher les causes de l'action criminelle où elles sont. Si je désobéis à la loi pénale, je suis un criminel. Pourquoi puis-je y désobéir ? Parce que mes facultés sont en lutte et que l'une veut dominer les autres, ou que chacune veut avoir l'autorité à son moment. Mais l'individu est-il nécessairement le seul responsable? Nous savons que l'être collectif, quoique distinct, et supérieur à l'addition des individus, en procède intimement et organiquement.

Donc l'œuvre sociale n'est pas forcément parfaite, et les imperfections de l'individu se retrouveront en ellė. N'y a-t-il pas des lois de circonstances, des lois de tendanée, des lois sectaires qui donnent autorité à un exclusivisme brutalement triomphant et semblent faites, soit avec des nerfs et du sang, soit avec un système abstraitement sorti du cerveau d'un philosophe ou d'un chef d'école ?

Comment pourront se comporter vis-à-vis d'elles les individus sains, équilibrés, respectueux de l'ordre légal ? Ils obéiront d'abord par principe, mais il est évident que de pareilles lois ne peuvent que troubler ce qu'elles devraient au contraire consolider. La belle harmonie, produit d'une éducation séculaire, dégénèrera bien vite, sous leur action désagrégeante.

Ainsi les causes de l'action criminelle seront doubles. Les unes viendront du déséquilibre individuel engendrant la révolte ; et les autres du déséquilibre légal provoquant le déséquilibre individuel. Nous avons ainsi gagné du terrain, et nous occupons définitivement une position plus avancée.

Faisant abstraction de toute idée préconçue, de toute appréciation subjective sur la nature de l'action criminelle, nous avons pris comme base de notre analyse tout acte prévu et puni par la loi pénale présente.

Interrogeant l'histoire, nous avons appris que dans cette définition rentraient tour à tour les actes spécifiquement les plus opposés, de même qu'en observant les diverses agglomérations humaines, nous les avons vues très divisées sur la criminalité des mêmes actes.

Ne voulant pas franchir prématurément les étapes successives de notre analyse, nous avons aperçu un élément commun à toutes ces criminalités diverses et souvent contradictoires, et nous l'avons retenu : il n'y a pas de criminalité sans société. Et nous nous sommes demandés si la société était autre chose vraiment que la simple addition des individus.

Or, si le groupement social n'avait pas une existence spéciale et distincte de celle de ses éléments, la société serait le reflet permanent et fidèle des réalités individuelles, et le problème du crime ne se poserait même pas. Il n'en est rien.

La société se manifeste à l'individu par la loi, et l'observation nous apprend encore que, d'une part, l'individu désobéit souvent à la loi, et, d'autre part, la loi est un reflet souvent très imparfait et toujours incomplet des réalités individuelles d'où elle procède.

Il y a donc là, face à face, deux termes distincts, puisant leur principale force l'un dans l'autre, mais doués chacun d'un organisme propre.

Si les deux termes se combattent, chaque lésion de chacun d'eux aura sa répercussion chez l'autre. C'est ainsi que l'organisme social, qui méconnaît par trop les aspirations de la multitude, est à la merci des coups de force et des révolutions ; et, d'autre part, l'organisme social lésé dans ses prescriptions réagit par la peine.

Voilà donc le crime sous son double aspect, dont un seul fait l'objet direct de cette étude : méconnaissance de la loi pénale par l'individu.

A ce point de notre analyse, nous ne nous demandons

pas si l'acte criminel peut, dans certains cas et sous certains rapports, présenter une utilité. Nous l'examinerons plus tard, et nous bornons, pour le moment, à y voir une lésion de la société par l'individu, du supérieur par l'inférieur, du plus par le moins, de l'ensemble par la partie.

Membres du corps social, nous lions provisoirement partie avec lui contre l'individu révolté, et réservant la critique de la loi pénale elle-même, nous cherchons les causes de l'acte criminel pour découvrir les remèdes. Or, quelle que soit la loi, nous y voyons un aboutissement plus ou moins expressif des idées, des sentiments, des rêves, des efforts, des actes individuels ; si imparfaite qu'on la suppose, elle nous paraît plus riche et plus féconde, telle qu'elle est, que l'opinion personnelle la mieux raisonnée, le rêve le plus généreux, la volonté la plus ferme.

Nous cherchons donc à obtenir la plus grande obéissance possible des individus aux lois pénales, et si l'obéissance à la loi doit communiquer et comme inoculer à chacun l'équilibre complexe de ses prescriptions diverses, nous pouvons dire, inversement que la désobéissance aux lois pénales, en même temps qu'elle cause un déséquilibre social, résulte d'un déséquilibre individuel, et nous pouvons enfin conclure en affirmant que le déséquilibre individuel est la cause fondamentale de l'action criminelle.

DEUXIÈME PARTIE

LES CAUSES

Dans la plupart des travaux consacrés à l'étude des causes du crime, les criminalistes se sont attachés à chercher ce qui fait l'homme criminel beaucoup plus que ce qui fait l'action criminelle. Il semble que « l'Homme criminel » soit une espèce spéciale d'humanité, dont on est ou dont on n'est pas : il y aurait d'un côté : les criminels et de l'autre les honnêtes gens.

Sans doute, on établit des distinctions plus subtiles. Si nous consultons, parmi les représentants de cette tendance si générale, M. Henri Joly, par exemple, nous verrons bien qu'il distingue les criminels en : criminels d'accident, criminels d'habitude et criminels de profession, et tous les crimes possibles paraissent ainsi prévus et classés. Mais en y regardant de plus près, c'est toujours à la première classification que sa méthode le ramène.

« La colère et l'amour sont évidemment les deux passions qui poussent le plus souvent à des actes de violence accidentels. Mais il y a aussi des actes délictueux auxquels certains caractères faibles se laissent entraîner par complaisance. Il y a en effet des gens qui se

« font duper avec une facilité prodigieuse... Il y a les « ahuris ou embrouillés qui se perdent dans leurs « comptes... Il y a aussi ceux qui, dans une mauvaise « passe, ont commis une faute qu'on a découverte avant « qu'ils n'aient eu le temps de la réparer. » (Henri Joly, *le Crime*, p. 82).

Et ailleurs, à propos du crime horrible mais isolé de Lebiez :

« De pareils malfaiteurs ont beau n'avoir commis qu'un « seul crime, ils n'en sont pas moins des criminels d'habi- « tude ; si le crime qui les fait arrêter et retrancher de la « société était le résultat devenu inévitable d'habitudes « contractées de longue date et entretenues par des vices « persévérants. » *(Ibid*, p. 101).

« Le criminel d'habitude est-il comme le dernier et le « plus achevé des produits où arrive dans nos sociétés le « penchant au mal ? C'est évidemment le fait de l'habi- « tude qui constitue la caractéristique essentielle du « groupe où on peut les faire rentrer l'un dans l'autre. » « *(Ibid.*, p. 105).

Produit, groupe, l'auteur comme tant d'autres étudie le criminel comme un être à part, dont il cherche à fixer les traits principaux et les catégories.

Il faut lire à côté de cela, les observations de Lombroso :

« Ce serait une grave erreur que de supposer tous les « sentiments éteints chez les criminels ; beaucoup ont « certainement disparu, plusieurs paraissent survivre. « Troppman après avoir massacré une famille entière, « pleurait en entendant nommer sa mère. Bezzati aimait

« sa femme, ses enfants ; Fieschi avait de l'affection pour « sa maîtresse et pour son avocat Lachaud... Les bohé- « miens, ces vrais criminels nés, escrocs, sont très atta- « chés à leur famille, et leurs femmes, dans certaines « contrées, ont un sentiment remarquable de la pudeur. « La laki (virginité) est le bien le plus précieux que tu « possèdes.. maintenant va voler « disent les mères à « leurs filles »... Parent-Duchâtelet a montré que si la « plupart des filles publiques se sont affranchies de tout « lien de famille, il en est quelques-unes qui font servir « leur déshonneur à donner du pain à leurs enfants, à « leurs vieux parents, à leurs compagnes » (Lombroso, l'*Homme criminel*, p. 350).

S'il n'y pas de criminels absolus, y a-t-il au moins l'honnête homme parfait et constant ?

Il ne faut pas oublier que nous distinguons essentiellement le crime et l'immoralité. Le crime est simplement l'infraction à la loi pénale ; or, peut-on dire qu'il existe quelqu'un chez qui le respect intime de la loi serait tel qu'il la respecterait en tout et pour tout, dans les petites comme dans les grandes choses, assuré qu'il serait de l'impunité ?

Si la loi évolue, si elle ne représente qu'une part des convictions de chacun, comment pourrait-on prétendre qu'elle sera aveuglément obéie, par toute une catégorie de gens qui seraient les meilleurs ?

L'honnête homme, à qui une pièce fausse a été donnée sans qu'il s'en doute, n'essaiera-t-il pas souvent de la remettre dans la circulation, commettant ainsi un délit prévu par la loi pénale et puni d'une peine correctionnelle ?

Récemment, de parfaits citoyens n'ont-ils pas cru devoir soustraire des vases sacrés à une liquidation légale, commettant ainsi une infraction qui motivait des poursuites ?

Le mari outragé devient-il criminel s'il tue son offenseur, soit dans l'explosion de sa colère, soit dans un duel régulier ?

S'il n'y a pas de criminel qui soit constamment criminel ni d'honnête homme qui soit constamment honnête homme ; si le criminel est honnête et bon dans certains actes comme l'honnête homme est délinquant par accident, il faut essayer de placer l'étude du crime sur un autre terrain.

Pour nous, il n'y a pas les criminels et les honnêtes gens. Il y a les actes criminels et ceux qui ne le sont pas.

Recherchant les causes du crime, il ne s'agit pas de trouver ce qui rend les hommes criminels, mais ce qui détermine les actions criminelles, point de vue tout différent.

Il importerait donc peu de savoir quelles différences ont pu contaminer une conscience, la fausser, la rendre capable des pires capitulations, si jamais aucun acte criminel n'est venu couronner l'œuvre en la réalisant

Il serait superflu d'admirer la droiture d'un cœur, la rectitude d'un esprit, la fermeté d'une volonté, lorsque d'aussi belles qualités n'ont pu empêcher une action criminelle de se produire.

Le philosophe social ne s'intéresse vraiment qu'aux actes, et il ne s'occupe des idées, des sentiments, des résolutions, de toutes les « réalités subjectives » que dans la mesure où elles vont rejoindre, dans l'acte, les « réalités objectives. »

Plaçons-nous donc résolument au centre de l'acte criminel comme au point de croisement de toutes les avenues du réel, et pour rester fidèles à notre méthode psychologique, interrogeons d'abord l'horizon du côté de l'être agissant pour y chercher les causes.

CHAPITRE PREMIER

MOBILES ET MOTIFS

Il faut dès maintenant se mettre en garde contre une confusion. Lorsque nous dirons que la sensibilité ou la raison déterminent un acte, c'est sous réserve toujours de la synthèse finale et proprement déterminante qui, pour être effective et vivante, doit être bilatérale et précéder l'unité synthétique de l'acte lui-même. L'action serait bien plutôt la synthèse de deux synthèses nécessairement préexistantes. Autrement dit, il est bien entendu qu'un mobile ou un motif ne peuvent, pas plus l'un que l'autre, passer à l'acte sans avoir revêtu l'un et l'autre des contours à la fois sensibles, rationnels et, en quelque sorte, esthétiques. La raison toute seule ne peut, pas plus que la sensibilité toute seule, agir l'acte lui-même ; mais cette synthèse qui précède immédiatement l'acte et qui va le constituer en se combinant avec le monde extérieur, peut elle-même être provoquée par une vue rationnelle pure qui devient ainsi indirectement la cause responsable de l'acte. Nous avons vu que c'était l'alternative : obéir à la loi pénale ou obéir à une suggestion personnelle, qu'elle vienne du cœur, des sens, de l'esprit ou du rêve.

L'anarchiste qui attend un chef d'État au passage pour

le poignarder sait très bien qu'il désobéit à la loi pénale ; il sait aussi qu'il sera arrêté, condamné, exécuté ; il prévoit les souffrances qui l'attendent, et il frappe quand même. Ce n'est donc pas un attrait de la sensibilité qui lui fait prendre sa résolution. Lorsqu'il décide son acte, il semble que toutes ses tendances affectives ou sentimentales se dressent contre sa raison pour l'en détourner et pourtant il se décide, parce que sa raison le veut ainsi et qu'il choisit la raison. Mais entre sa décision et son accomplissement, il se fait une sorte de révolution en lui-même. Toutes les puissances hostiles se rangent, les unes après les autres, autour de la raison pour lui donner la force promouvante. Il voyait l'échaufaud, le couperet ; il sentait le froid de la mort, et maintenant, c'est la gloire de braver une société qu'il déteste, c'est la publicité, l'orgueil d'être brave devant les camarades, la renommée future de son acte aux yeux de la société rénovée.

Et quand nous disons que la raison pure a présidé à la décision, encore faut-il s'entendre. Lorsqu'il s'est fait anarchiste, la sensibilité avait fait une première fois son œuvre et avait revêtu de ses couleurs et de ses attraits la démarche de la raison, s'ils ne l'avaient pas précédée ; après avoir compris que la société était mauvaise et devait être changée, il y avait intéressé ses nerfs et son sang, il avait pris place, de sa personne, dans la bataille des faits aussi bien que des idées ; et maintenant qu'il délibère sur une conséquence de ses principes, c'est tout lui-même qui prend part à la délibération. Le réel est tellement synthétique dans son essence qu'il ne saurait être question, autrement qu'abstraitement, d'une délibération qui ne serait pas un conflit de chaque faculté avec elle-même aussi bien qu'avec les autres. Il n'en est pas moins vrai que décider, de même qu'agir, c'est trancher, c'est choisir, c'est donner le pas à une tendance, à une idée, à un sentiment, à un rêve sur les autres. Parce que tout se tient, tout suivra, mais à l'état subordonné, par l'effet d'un déterminisme inéluctable ; l'instinct seul ne tranche pas parce qu'il ne délibère pas, et qu'il est un échelon dans le déterminisme de la nature ; mais l'acte est la lutte de deux déterminismes, et si notre déterminisme personnel veut triompher, il doit se soumettre celui de la nature en associant toutes ses forces s'il s'agit de lui-même, en associant ses forces à celles de tous s'il s'agit de la société.

« Tout est dans tout, mais tout n'y est pas au même plan ». En agissant, je tranche entre les raisons contradictoires d'agir ; l'une d'entre elles devient prépondérante, au détriment de toutes les autres de même nature ou de nature différente. Autrement dit, je dois faire une première option entre l'ordre légal et mon indépendance ou plus proprement mon insubordination ; là est l'essentiel. Si j'accepte l'ordre légal, tout va prendra sa place, sans doute, mais parce que tout était déjà à sa place. Mais si je me révolte, ce ne peut être qu'au nom d'une tendance, d'un désir, d'une idée parmi les multiples tendances, désirs ou idées que je porte en moi et qui sont un peu de moi-même. Lorsque je délibère sur ce que je dois faire, bien décidé d'ailleurs à ne tenir aucun compte de la loi pénale, je ne puis pas ne pas me diviser contre moi-même, je ne puis pas ne pas subordonner une partie de ma personne au motif ou au mobile triomphant. L'instinct seul pourrait aller ainsi synthétiquement à l'acte, mais c'est parce que l'instinct n'est pas éclairé par la conscience et n'a pas fait l'objet d'un choix à l'encontre d'une loi supérieure et distincte. Êtres conscients et libres, notre conscience livrée à elle-même est soumise à la loi de l'espace et du temps, et ne peut prétendre synthétiser pratiquement qu'en se soumettant librement à des synthèses déjà faites, sinon elle ne peut être que dissolvante. D'autant plus que l'option entre l'ordre légal et l'ordre individuel et l'option en nous entre les motifs et mobiles qui nous sollicitent sont concomitantes et tout se réduit en définitive à un conflit entre l'ordre légal et une des tendances de notre être.

Mais pour que la révolte s'effectue en fait, il faut bien qu'une tendance domine les autres, soit plus forte et plus impérieuse que les autres. Si l'ordre règne, si tout est de niveau, si l'harmonie est établie, rien ne s'opposera à l'ordre légal et la loi règnera sans opposition.

L'action criminelle ne pourra résulter que d'une hypertrophie personnelle sur un point.

Mais avant d'examiner brièvement les diverses catégories criminelles en les répartissant sous leurs différents chefs, un avertissement nous paraît nécessaire.

Si nous parlons d'actes criminels, de dégradation morale, de vice, de perversion, ce n'est pas pour contredire l'idée directrice de nos développements, qui est la fondamentale relativité du crime.

Mais il n'en demeure pas moins que si, à chaque époque et à chaque région correspondent des crimes spéciaux, le fait même du crime est universel et permanent. Et si, pour éclairer et vivifier la suite logique de notre pensée, nous faisons appel à notre expérience personnelle, nous serons légitimement amenés à user, pour l'exprimer, de notre terminologie actuelle, résultant de l'état de fait présent et, par suite, seule capable de l'exprimer avec exactitude.

CHAPITRE II

CRIMES DE SENSIBILITÉ.

Lorsqu'un crime est annoncé, et qu'on en recherche l'auteur, le magistrat instructeur, selon qu'il s'agit d'un crime de violence ou d'un crime d'habileté, dirigera ses investigations dans un sens ou dans l'autre. Il y a dans le pays un individu querelleur, remplissant la région du fracas de ses disputes ; un rien le met hors de lui, il s'est déjà battu avec bon nombre de ses concitoyens; justement, le jour du crime on l'a aperçu en état d'ivresse, rouge et menaçant. C'est lui qui sera interrogé le premier en l'absence d'autres indices.

S'il s'agit au contraire d'une escroquerie habilement montée, l'instruction se dirigera de préférence sur un jouisseur raffiné, ayant des besoins plus importants que ses ressources, à l'emprunt facile et au remboursement lent. La colère, la gourmandise, le dérèglement des mœurs, la passion sous toutes ses formes, sentimentale, sensuelle ; celui-ci voudra thésauriser par amour de l'or ; celui-là préfèrera voler ou escroquer plutôt que dépenser de l'énergie en travail honnête ; avarice, paresse. A première vue la cause essentielle et, semble-t-il, unique des actes criminels, paraît résider dans les formes diverses de la sensibilité. « C'était une brute, livrée à ses instincts déchaînés ». — « En lui, les passions n'avaient aucun frein pour les arrêter. » — « L'accusé ne paraît pas comprendre la gravité de l'acte qu'il a commis. La bestialité a étouffé en lui la raison. » Les comptes-rendus des journaux ne s'expriment pas autrement pour commenter l'arrestation des criminels.

Le problème du crime serait simple s'il se réduisait à cela. L'homme comprendrait une partie haute, la raison et une partie basse : la sensibilité. L'honnête homme serait celui qui fait prévaloir la raison sur les suggestions des sens et le criminel celui qui fait plier la raison sous la tyrannie de la sensibilité. Et si vous répondez que le même homme peut avoir ses bons et ses mauvais moments, l'opinion courante vous dira que la raison et la sensibilité (disons plutôt la sensualité) ont des hauts et des bas et que le pouvoir peut passer de l'une à l'autre, produisant ainsi des alternatives de crime et d'honnêteté.

Ce serait, à vrai dire, supprimer tout le problème.

Entrons dans une prison, et interrogeons plusieurs accusés, pris au hasard. Presque jamais, s'ils avouent, ils ne mettront en avant l'emportement de la passion ou l'affaissement de leur volonté. Chacun aura sa théorie justificative, plus ou moins naïve ou laborieusement édifiée, mais qu'il croira fondée en raison. Sans parler des criminels politiques, tels que Ravaillac, Louvel ou Vaillant qui pouvaient obéir vraiment à une vue de l'esprit, le dernier mot du bandit Ravachol a été : « Vive la République », mot répété récemment par Pollet, le chef des bandits du Nord, et par David, le chef des chauffeurs de la Drôme.

Mais, dira-t-on, peu importent les justifications postérieures. Peu importe qu'un abominable bandit, après avoir, ivre de carnage, supplicié ses victimes, cherche à se rendre intéressant par l'affirmation d'un principe directeur de ses actes si, avant tout geste criminel, il a eu la vue nette du devoir. S'il a vu la voie à suivre et s'il a préféré l'autre ; si la raison lui montrait le chemin de droite et si la sensibilité lui a fait prendre celui de gauche, la question se borne bien à la lutte de la raison et de la sensibilité, la première proposant l'obéissance aux lois, la seconde détournant de cette obéissance et provoquant les actes criminels.

En réalité, quelle que soit la voix de la raison avant l'acte, elle n'attend pas que l'acte soit consommé pour se joindre à la sensibilité. En agissant, je crée une unité synthétique dans laquelle tout s'harmonise nécessairement ; raison, sensibilité, imagination, tout se combine pour former une unité cohérente et rayonnante. La justification rationnelle de l'acte ne lui sera pas postérieure, elle ne résultera pas d'une vue de l'esprit se repliant sur l'acte accompli pour le juger. Elle sera contenue dans l'acte lui-même, et l'esprit n'aura pas d'effort créateur à faire pour la retrouver ; il la retrouvera toute faite dans l'acte.

Il l'y trouvera parce que, pour sortir de soi-même et atteindre le monde extérieur, il faut aller à celui-ci dans un élan synthétique qui corresponde au tout suprêmement synthétique que l'on prétend faire collaborer à une fin. Inutile d'espérer qu'on pourra sortir de la sensation, de l'idée ou du rêve, si l'on ne fait pas un effort complet capable de provoquer une réponse et un résultat hors de soi-même, dépassant à la fois la réalité provisoire que l'on porte en soi et la réalité extérieure que l'on sollicite. Le mobile déterminant ne deviendra agissant que lorsqu'il se sera pénétré d'intellectualité et d'imagination, lorsque nous l'aurons vu et compris. A ce moment seulement il deviendra en quelque sorte assimilable pour le monde extérieur, la combinaison sera possible et la série de ses conséquences se déroulera en nous et hors de nous.

Que se passe-t-il donc chronologiquement ?

Avant d'agir, deux attitudes sont possibles, ou l'obéissance à une loi supérieure, à un principe accepté ; ou l'obéissance à l'un des multiples mobiles ou motifs qui sollicitent notre volonté.

Accepter la loi, se plier à une discipline, c'est faire taire tous les mobiles ou motifs personnels, qu'ils viennent de la sensibilité, de la raison ou de l'imagination. C'est donc introduire, au moins provisoirement, cet équilibre passif qui provient d'une commune contrainte imposée aux sollicitations de la vie.

Mais que fait le révolté, l'indiscipliné, le criminel ? En réalité, il oppose la loi à son propre point de vue, à son propre désir, à son propre rêve. Pour cela il donnera le pas à un mobile, à un motif. C'est-à-dire que parmi toutes les alternatives qui s'offrent à sa volonté, il fera passer les unes avant les autres, donnant ainsi, selon les cas, une autorité souveraine à la raison ou aux sens, ou à l'imagination, ou au cœur.

S'il agit en donnant le pas à un mobile, l'acte suivra le

mobile et aussitôt, nous venons de le voir, tous les autres mobiles ou motifs viendront se soumettre dans l'acte à celui-là. Si l'équilibre existait, il est forcément détruit parce qu'en donnant la souveraineté à une partie de soi-même, on en devient l'esclave en imposant sa loi à tout le reste.

Et l'on ne peut espérer agir en obéissant simplement aux suggestions de la vie totale. L'instinct seul pourrait faire ce prodige, mais c'est la rançon de notre dignité d'êtres conscients et raisonnables que cette multiplicité de mobiles et de motifs, ce fractionnement de nous-mêmes vis-à-vis de nous-mêmes lorsqu'il faut agir.

Ce qui est fait est fait ; ce n'est pas impunément et facultativement que nous délibérons avant d'agir. La conscience anticipée de l'acte nous met dans la nécessité d'opter entre l'obéissance ou la rupture de notre équilibre personnel. Notre instinct d'êtres intelligents et libres ne serait jamais que l'expression de notre vie totale, mais ne serait plus l'expression de notre tempérament particulier se dressant presque toujours en adversaire contre les autres puissances de notre personne.

L'action criminelle est donc le triomphe d'un mobile ou d'un motif sur tous les autres. Elle consacre une rupture d'équilibre de la personnalité.

Objection

Mais, répondra-t-on, si l'acte criminel est le triomphe d'un mobile sur les autres, ce mobile est au moins une partie de nous-mêmes. Il asservit tout le reste, mais lui-même est triomphant. Tandis qu'en obéissant à la loi, nous soumettons notre personne entière à un principe extérieur, ici. nous donnons au moins la victoire à une tendance qui est en nous et qui est de nous.

Le monde extérieur en subirait ainsi l'empreinte et nous aurions contribué à l'enrichissement universel.

Il est inutile de faire un examen prolongé de l'acte criminel pour s'apercevoir que le mobile auquel on soumet tout le reste est toujours la partie la plus faible de soi-même, de telle sorte que sa victoire devient l'anéantissement de la force par la faiblesse. Ce que le monde extérieur recevrait de nous serait l'expression de notre propre déchéance.

Une des causes principales de la criminalité est l'alcoolisme. Dans la plupart des établissements pénitentiaires, on aperçoit sur les murs une série de gravures représentant la dégradation progressive d'un être humain par l'alcool. La santé et l'honnêteté sont à l'origine ; l'évolution aboutit à la maladie et au crime.

Est-ce une observation isolée, sans valeur si on généralise?

Nous lisons dans *L'Homme Criminel*: « Le goût particu-
« lier des criminels pour une opération si douloureuse,
« souvent même si longue et si pleine de dangers que le
» tatouage, le grand nombre de blessures que présente
« leur corps, m'ont conduit à soupçonner en eux une
« insensibilité physique plus grande que chez le commun
» des hommes, insensibilité semblable à celle que l'on
« rencontre chez quelques aliénés, et en particulier chez
« les fous furieux. » (Lombroso, l'*Homme criminel*, p. 290).

Et plus loin: « Cet affaiblissement de la sensibilité,

« principalement en ce qui concerne la douleur physique « et, d'un autre côté, la fréquence moindre de réaction « vasculaire nous mettent, pour ainsi dire, entre les mains « la clef de la vitalité plus grande des malfaiteurs, bien « qu'ils soient, à proprement parler, malades depuis leur « naissance. » (*Ibid.* p. 320).

« La plupart sentent que leur esprit est de plus en plus « impropre à un travail assidu, et n'ont d'autre idéal que « d'écarter toute espèce d'occupation. Les voleurs français « s'appellent entre eux, pègres? Le désœuvré est, aux yeux « de la loi, une variété de l'homme criminel, et c'est peut-« être lui qui contribue le plus à peupler les prisons. Les « voleurs ne sont aptes à rien de ce qui réclame de l'éner-« gie ou de l'assiduité. » (*Ibid*).

On pourrait multiplier les citations et toujours on verrait que le mobile triomphant procède d'une sensibilité émoussée et diminuée.

Quelle catégorie de gens produit plus de malfaiteurs que les vagabonds? C'est pour cela que la plupart des législations modernes ont réprimé le vagabondage comme un délit spécial suffisamment caractérisé par lui-même, alors qu'il n'est dangereux que par les conséquences qu'il peut engendrer. Or, interrogez un vagabond. Sur cent, vous en trouverez difficilement un qui ressemble, si peu que ce soit, au *Chemineau*, de Richepin. Presque tous sont abêtis, insensibles à tout, aux sensations comme aux sentiments, et c'est bien à eux que peuvent s'appliquer les définitions de Lombroso citées plus haut. La paresse leur a paru préférable à tout parce que les peines et les privations purement passives de la vie vagabonde leur étaient moins pénibles qu'elles ne l'eussent été pour d'autres.

Pour des raisons analogues, la législation moderne tend à réprimer de plus en plus ce qui se rattache à la prostitution. Ici encore, qu'il s'agisse des hommes ou des femmes, c'est bien l'affaissement de la sensibilité qui va souvent jusqu'à l'anéantissement.

De quelque côté que l'on se tourne, réserve faite des cas exceptionnels et particuliers, on ne rencontre que des sensibilités éteintes, atrophiées, et ce sont les plus exigeantes !

Toute question d'atavisme mise à part, la plupart des criminels étaient entrés dans l'existence avec une sensibilité normale, tempérée par la raison et le bon sens. Dans un moment de faiblesse révoltée, ils lui ont laissé prendre le pas, et à chaque chute, il est devenu plus difficile de la satisfaire. L'équilibre étant rompu, et la sensibilité réclamant une part qui excède de plus en plus ses limites ordinaires, elle a bien dû prendre ce qui lui manquait aux facultés voisines au détriment de celles-ci, et c'est ainsi qu'à ce jeu, la personne tout entière va s'affaiblissant jusqu'à l'anéantissement, la raison et la volonté se dépensant et s'épuisant au service d'une sensibilité qui ne peut plus se suffire et qui entraine tout le reste dans sa course à l'abîme.

La conclusion à tirer de ces observations, c'est que la désobéissance à la loi établie provient souvent des exigences mal réfrénées de la sensibilité. La loi, qui s'est donné pour mission de faire régner l'harmonie sociale, a dû demander à chacun une part de sacrifice pour assurer à tous le maximum de paix et de bonheur; que la loi soit bien ou mal faite, elle contient toujours une partie contraignante.

Étant commune à tous, et s'adressant à des êtres indifférents, la combinaison qu'elle représente ne peut être l'expression exacte et fidèle de personne. Les disciplinés l'observent dans leurs actes, qu'ils la discutent ou non dans son principe. Quels seront ceux qui se révolteront, sinon les faibles qui n'auront pas l'énergie suffisante pour accepter le sacrifice demandé, ni la force qu'il aurait fallu pour faire taire les exigences de leur sensibilité personnelle? La sensibilité possède une tendance innée à l'expansion. Il est doux et facile de s'y laisser aller; elle n'est vraiment forte que si elle se limite, et elle l'est exactement dans la mesure où elle se limite. Nous en donnons la preuve par les faits, en constatant qu'elle s'affine et s'enrichit par la résistance, quand au contraire elle se défait et se détruit par les satisfactions qu'elle se donne, qu'il s'agisse du cœur ou des sens, de la sensation ou du sentiment. Ainsi, la faiblesse de la sensibilité est une conséquence de l'action criminelle, comme elle en est une cause. L'alcoolisme, le vagabondage, la prostitution, la paresse font les actes criminels, et les actes criminels font les alcooliques, les vagabonds, les prostituées et les paresseux.

CHAPITRE III

CRIMES D'INTELLIGENCE

Nous avons dit que l'acte criminel pouvait être déterminé par un mobile sensible fomentant la révolte. Mais il n'y a pas que des mobiles qui puissent faire agir. Que faut-il penser lorsque c'est la raison qui aura déterminé l'action? Il semble bien qu'ici nous nous élevions au-dessus de la faiblesse humaine pour atteindre à des influences plus désintéressées, plus nobles, Qu'on nous autorise à nous servir de la classique distinction ; si l'on veut admettre que les mobiles sont l'expression de la faiblesse de notre nature, les motifs seraient-ils les raisons d'agir qu'il faudrait entretenir et développer ?

Nous avons vu dans le chapitre précédent que la victoire de la sensibilité, dans sa révolte, n'est qu'apparente. En réalité, ses victoires sont des défaites puisqu'une expérience constante nous prouve que les criminels cèdent le plus souvent à leurs sens lorsqu'ils sont émoussés, diminués, atrophiés ou surexcités par la paresse, l'alcool, la prostitution, l'opium. Les sensibilités fortes et qui restent fortes sont justement celles qui savent garder leur place dans l'unité humaine.

Que faut-il penser maintenant d'une raison qui sait imposer sa souveraineté non-seulement autour d'elle aux puissances rebelles de l'individu, mais plus loin à la loi sociale et pénale elle-même?

« La dégénérescence supérieure comprend les origi-
« nalités, bizarreries, singularités dans les goûts et les
« habitudes. Elle peut s'allier avec le talent, avec le
« génie même, car souvent ces hautes facultés sont
« payées, sinon produites par une exagération des fonc-
« tions de la vie cérébrale qui trouble ou qui affaiblit,
« dans des proportions correspondantes, les autres fonc-
« tions de l'économie. » (Henri Joly, *le Crime*, p. 366).

Ainsi s'exprime un criminologiste contemporain, au nom des faits maintes fois observés.

Nous citerons tout de suite les crimes intellectuels par excellence : les crimes politiques et les crimes religieux. L'histoire est pleine des attentats, guerres intestines, supplices divers inspirés par l'exclusivisme rationnel. Il faut soigneusement distinguer le chef d'école, le penseur, le doctrinaire, qui élaborent les idées et les répandent par les voies de la propagande légale, et le fanatique, qui, après s'être assimilé les théories des prophètes, va dans ses actes jusqu'au bout de leurs conséquences, et viole effectivement la loi pénale établie. Ce dernier seul nous intéresse vraiment, puisqu'il est le seul qui commette l'action criminelle.

Le penseur, le philosophe, le chef d'école qui se bornent à disserter, à discuter, à élaborer des systèmes profitent manifestement, quelles que soient leurs théories personnelles, de l'équilibre psychologique résultant pour eux d'un bon atavisme et d'une solide éducation. *Primum vivere, deinde philosophari.* Tant qu'ils séparent l'idée de la vie, le danger n'apparaît pas. Mais le jour où la faculté même de penser dépasse le rôle qui lui est assigné, le jour où la raison s'exerce avec une surabondance telle que le cerveau, son organe, se fatigue au grand détriment de l'organisme, ce jour-là il se produit un affaiblissement général dont l'origine ne manque pas de noblesse, mais qui le rend susceptible de céder pratiquement à des théories personnelles et forcément limitées. La résistance sera plus ou moins longue ; certains utopistes, bien constitués, ont pu la faire durer toute leur vie ; elle sera insensible chez le primitif, qui tout de suite passera aux actes. Mais, lente ou prolongée, elle sera, dans la plupart des cas, le résultat d'une diminution de la personnalité, d'une dégénérescence.

Examinons tous les fanatiques qui jalonnent l'histoire, depuis Erostrate, l'incendiaire du temple d'Ephèse, le plus symptomatique peut-être, jusqu'à nos modernes régicides ; interrogeons les guerres de religion, les révolutions populaires. Toujours nous serons amenés à distinguer entre l'élite qui réfléchit mais réserve les actes, et les fanatiques, qui exécutent mais n'ont plus la force de raisonner. Ces derniers sont le plus souvent des dégénérés ; « dégénérés supérieurs » selon l'expression tant employée de M. Henri Joly, si c'est l'abus même de la vie cérébrale qui a troublé ou affaibli en eux dans des « proportions correspondantes les autres fonctions de l'économie » ; dégénérés inférieurs et vulgaires si leur pauvre cerveau s'est trouvé rempli, dès sa première rencontre avec la pensée des autres, à en déborder.

Nous sommes donc amenés à conclure, comme pour la sensibilité, que la raison qui détermine l'action criminelle est une raison diminuée, affaiblie, déjà déchue. La raison forte ne sort pas de son rôle ; l'intelligence solide connaît ses limites. Elles ne visent à se subordonner l'action que chez ceux qui ne comprennent déjà plus aussi bien.

L'intelligence est la faculté de comprendre. Comprendre, c'est analyser aussi bien que synthétiser, voir les éléments des choses autant qu'apercevoir les unités plus compréhensives dont font partie les éléments que notre vue bornée nous permet d'entrevoir. Vis-à-vis de l'action, le rôle essentiel de l'intelligence sera donc de comprendre que le principe de sa direction doit être double. En effet, une idée ne sera pas vraie dans la mesure où elle utilisera toute sa force propulsive et voudra aller jusqu'au bout d'elle-même, mais vraie au contraire dans la mesure où, sans se contenter de voir ce qu'elle contient par sa propre analyse, elle s'apercevra sans cesse en fonction d'un plus grand nombre de synthèses voisines. Cette confrontation continuelle pourra s'ébaucher dans la vie individuelle, devenir déjà un peu plus complète dans la vie de famille, mais elle devra s'étendre jusqu'à la vie sociale. C'est dans le milieu social, dans le contact permanent des hommes et des choses, dans la mêlée des événements que l'intelligence pourra s'enrichir des réalités en même temps qu'elle les enrichira sans cesse. C'est donc dans la loi, expression de la vie sociale, que l'intelligence de chacun trouvera déjà un meilleur régulateur des actes. Obéir à la loi pénale, c'est élargir l'intelligence aux dimensions même de la raison qui vivifie le corps social ; l'ignorer, réduire son intelligence aux limites de l'individu, c'est risquer de nuire aux autres et à soi-même.

CHAPITRE IV

CRIMES D'IMAGINATION

Nous ferons rentrer dans la même classe les actes criminels qui proviennent d'une hypertrophie de l'imagination. Les observations faites pour l'intelligence peuvent en grande partie s'appliquer ici. Résister à la loi au nom d'une conception spéciale du beau est aussi stérile et puéril au fond que lui résister au nom d'une conception spéciale du vrai. Résister à la loi pénale, expression de la société, parce qu'on trouve la société laide, c'est croire qu'on porte le beau en soi-même quand on devrait le chercher hors de soi pour le faire rentrer en soi.

C'est ici affaire de personnalité. Le même geste extérieur, pourra provenir selon les cas d'un coup de force de la raison ou d'un excès de l'imagination. Mais l'imagination livrée à elle-même peut donner cours en elle aux fantaisies les plus contradictoires ; de même que tout est soutenable en théorie pure, de même que toute sensation peut être recherchée, puisque l'on a pu remarquer le goût particulier des criminels pour certaines opérations douloureuses souvent si longues et si pleines de dangers telles que le tatouage, de même aussi tout peut trouver grâce devant une imagination débridée.

« Ces gens là (les criminels), écrit Lombroso, tirent « vanité de leur force, de leur beauté, de leur courage, de « leurs richesses mal acquises et peu durables et, chose « plus étrange et plus navrante, de leur habileté dans le « crime ». « Au début, écrivait l'ancien forçat Vidocq, « les criminels cherchent à atténuer leur crime ; une fois « qu'ils ont avancé dans cette voie funeste ils s'en font « une gloire. Dans la société, on redoute l'infamie; dans « une masse de condamnés, on ne rougit que d'une chose « c'est de n'être pas infâme ». (Lombroso, *l'Homme criminel*, p. 368).

Sans doute, dans les exemples cités ici, il semble que ce soit le crime qui ait déformé l'imagination, mais il n'en reste pas moins que l'imagination est capable de tout et qu'une fois déformée, elle devient une acharnée pourvoyeuse d'actions criminelles.

Et d'ailleurs, dans ce cercle toujours mouvant de l'imagination viciée et du crime, où est le point de départ ? qu'est-ce qui commence ? La pratique du crime vicie l'imagination par une influence réflexe, de même, nous l'avons vu, qu'elle émousse la sensibilité et qu'elle fausse le jugement, mais ne peut-on pas dire que l'imagination la plus saine peut produire le crime quand elle est livrée sans frein à elle-même ?

Prenons comme exemple le produit par excellence de l'imagination : l'œuvre d'art. Le peintre de naissance qui se sent inspiré, qui a conscience de son but, qui sent intimement ce qu'il veut exprimer par ses couleurs, ne peut pourtant pas se contenter de cela ; il possède l'essentiel, la flamme intérieure ; mais il a besoin d'une éducation.

Il a une technique à apprendre, des règles à observer, un enseignement commun à recevoir. Il en est de même pour le musicien, l'architecte, le sculpteur, le poète. Avant toute chose, une première inspiration synthétique attire l'artiste vers un but confusément entrevu. Inutile d'insister si cette attirance n'existe pas. Combien d'élèves que leurs parents ont voulu diriger malgré eux vers un art même inférieur d'interprétation, qui n'en ont jamais dépassé les premiers éléments parce que cette flamme manquait ! Mais si la vocation existe vraiment, il serait tout aussi vain de prétendre lui laisser le champ libre sans la formation laborieuse et tenace des principes communs à tous. Tout grand artiste a dû accepter cette ingrate période d'accommodation à des règles, à une méthode imaginée par d'autres, en réalité produite par une lente accumulation de l'expérience artistique. L'ignorance naturelle ou volontaire de cette formation produit la fantaisie ridicule, l'outrance burlesque, le fantastique et le chaos. Il est inutile de faire des allusions trop précises à des tentatives présentes à l'esprit de tous, et qui s'étalent annuellement comme pour souligner l'heureuse et utile sagesse des artistes laborieux.

Or que sont ces règles indispensables, que sont ces méthodes sinon les adaptations de toute inspiration artistique au milieu réel et vivant ? L'inspiration livrée à elle-même produirait le désordre, le gâchis ; mise dans les cadres communs de l'imagination associée au bon sens et au sentiment, elle s'imprègne de bon goût et devient ainsi capable de produire le Beau.

Dans tous les domaines politique, religieux, moral,

national, familial, l'imagination fournit aussi un attrait décisif capable de mettre tout en mouvement et de transformer des virtualités en actes. Mais c'est dans tout le cours et le détail de la vie qu'il faut avoir les pieds sur terre, fortement appuyés sur la réalité, pour ne pas devenir « l'Astrologue » de la Fontaine.

La vie est, en un sens, la première des œuvres d'art à réaliser, avec cette différence que tout homme a au fond de lui-même l'élan voulu pour l'accomplir, mais cet élan ne se suffit pas ; il lui faut le cadre d'une forte discipline à la fois transmise par le sang et les mœurs et librement acceptée.

Les lois pénales sont une partie nécessaire de cette ossature à travers laquelle l'imagination pourra se frayer sa route et contribuer à l'évolution de la vie.

Tout comme la sensibilité, tout comme la raison, nous dirons que l'imagination perd tout en voulant tout gagner. Car il faut choisir : l'état d'indifférence n'existe pas. Si nous voulons laisser l'imagination agir en souveraine sans tenir compte des concessions nécessaires, elle se verra bien vite entourée d'ennemis. Les lois pénales font partie de cet ensemble de préceptes qui, pour chaque époque et chaque latitude, permettent aux hommes de vivre dans une harmonie relative. Soumettre l'imagination à ces règles toutes faites, c'est lui donner des alliés qui l'aideront à triompher, c'est la faire bénéficier des efforts faits par d'autres et lui permettre d'aller au-delà. Sinon, c'est la submerger infailliblement sous une formidable coalition des facultés méprisées. C'est la vouer à la stérilité.

Don Quichotte était le chevalier de l'imagination, mais il était aussi un brave homme qui respectait les lois du moment. Il bravait les habitudes de son temps dans sa tenue, dans ses propos, il faisait contre lui la coalition des moqueries et des sourires, mais il n'aurait pas commis un crime et son imagination acceptait le contrôle d'un bon cœur qui lui procurait l'indispensable bon sens.

Par contre le roman du chevalier de l'imagination sans alliage reste à faire et sans doute ne sera jamais fait parce qu'il se confondrait en fait avec celui des criminels les plus endurcis.

Nous ne voulons pas dire que l'imagination livrée à elle-même ne produirait que le crime, mais tôt ou tard l'action criminelle en serait le fruit, et la société elle-même dresserait la barrière de ses pénalités pour briser son élan.

CHAPITRE V

CRIMES INDIVIDUELS ET CRIMES SOCIAUX

La criminologie serait une science très simple si elle ne comportait pas l'intime antinomie qui assure à toute science sociale le mouvement et la vie. L'individu doit obéir aux lois sociales ; les lois sont faites pour être obéies. Mais au lieu de dire : il faut obéir à la loi parce qu'elle est le résumé et l'aboutissement harmonieux des multiples aspirations du corps social, ne faudrait-il pas dire aussi : les lois n'ont droit au respect que lorsqu'elles sont bonnes, et elles ne sont bonnes que dans la mesure où elles réalisent l'harmonie? Jusqu'à présent, nous avons étudié les devoirs de l'individu par rapport à la loi, sans nous inquiéter de ce que pouvait être la loi en elle-même. Ou plutôt, nous l'avons supposée bonne et nous n'avons pas mis en doute qu'elle fût à la hauteur du rôle pacificateur et bienfaisant qu'elle doit jouer. Nous avons dit : de même qu'on ne peut vivre dans le monde physique qu'en tenant compte des lois physiques, de même on ne peut vivre dans le corps social qu'en tenant compte des lois sociales. Mais ce sont deux domaines bien différents. Le monde physique est soumis à des lois immuables qui règlent des rapports immuables ; il faut les chercher patiemment et on les trouvera. Qu'il s'agisse du monde minéral, du monde végétal ou du monde animal, qu'il s'agisse de l'inertie ou de la vie, du déterminisme brut ou de l'instinct, les lois physiques circulent à travers la matière inanimée ou vivante, et s'imposent inflexiblement. Mais dès qu'il s'agit des rapports proprement humains, il faut bien reconnaître que tout revêt un caractère spécifiquement différent. Appuyé sur le réel, l'homme, éternel désillusionné, perpétuel mécontent, aspire à autre chose : il a les pieds sur terre, mais ses yeux, son cœur, son imagination, sa raison interrogent sans cesse l'horizon, et l'idéal n'est jamais tout à fait idéal, parce qu'il est regardé avec les yeux de la chair, et le réel n'est jamais tout à fait réel parce qu'il est interrogé d'un regard qui ne peut oublier complètement les horizons entrevus. Et si tous les humains se ressentent de leur commune origine, chacun, pourtant, a un idéal bien à lui qui n'est celui de personne et qui dépasse immensément le domaine du réel. — Qu'on regarde la société de fait, et on la verra divisée en associations qui paraissent faites pour déterminer, limiter, en quelque sorte monnayer l'idéal ; mais si l'on regarde de plus près l'église la plus autoritaire, la secte la plus fermée, on verra chaque fidèle concevoir à sa façon le commun idéal proposé : le théisme subdivisé en christianisme, mahométisme, judaïsme, bouddhisme, brahmanisme, fétichisme, etc. Le christianisme subdivisé en : catholicisme, protestantisme, orthodoxie grecque, orthodoxie russe. Le catholicisme lui-même interprété de tant de façons : à la manière forte ou à la manière souple, les uns attirés par son esprit d'autorité, les autres par ses qualités d'adaptation ; et dans chaque courant, des nuances, des distinctions, des façons tout opposées de concevoir les mêmes choses. De même que deux vies réelles identiques ne se trouvent pas, de même l'idéal donne lieu à autant d'interprétations que d'individus, et chaque idéal est illimité, et tous ces illimités, qui ont le même point de départ, aboutissent à des points d'arrivée différents ! Telle est la condition de l'homme, unique à ce point de vue dans le milieu vivant, et de cette condition procèdent les caractères spécifiques des lois sociales.

L'animal vit dans le réel, et s'en contente ; aussi les lois physiques lui suffisent, tandis que chaque homme, qu'il le veuille ou non, a la prétention d'ériger son idéal particulier en idéal pour tous. Cet idéal sera un idéal d'autorité, ou d'indépendance, de bonheur terrestre ou futur, sensuel ou moral, et nous avons vu que l'idéal revêtait en fait autant de formes qu'il y avait de cerveaux humains. Mais c'est la destinée et le caractère intime de l'idéal d'être illimité et d'être ainsi destiné, par chacun de nous, à contenir le reste de l'humanité.

« C'est un principe biologique que l'individu disparaît « aussitôt que ses imperfections l'empêchent de supporter « l'action du milieu ambiant. La différence entre l'ordre « biologique et l'ordre moral, c'est que la sélection dans « le premier a lieu spontanément par la mort des indivi- « dus qui manquent d'aptitude, tandis que dans le second « cas l'individu, étant physiquement apte à la vie, et ne « pouvant pas vivre en dehors du milieu ambiant auquel « pourtant, il ne saurait s'adapter, la sélection doit avoir « lieu *artificiellement*, c'est-à-dire par le pouvoir social,

« qui doit opérer comme la nature opère dans l'ordre « biologique. » (Garofalo, la *Criminologie*, p. 253).

« L'habitude collective n'existe pas seulement à l'état « d'immanence dans les actes successifs qu'elle déter- « mine, mais, par un privilège dont nous ne trouvons pas « d'exemple dans le règne biologique, elle s'exprime une « fois pour toutes dans une formule qui se répète de « bouche en bouche, qui se transmet par l'éducation, qui « se fixe même par écrit. Telle est l'origine et la nature « des règles juridiques, morales, des aphorismes et des « dictons populaires, des articles de foi où les sectes reli- « gieuses ou politiques condensent leurs croyances, des « codes de goût que dressent les écoles littéraires, etc... « Aucune d'elles ne se retrouve tout entière dans les « applications qui en sont faites par les particuliers, « puisqu'elles peuvent même être sans être actuellement « appliquées. » (Durkheim, les Règles de la *Méthode sociologique*, p. 12).

Une législation supérieure aux simples lois physiques est donc nécessaire pour faire régner ici l'harmonie, mais cette législation ne saurait être stable. Le réel est limité en fait par le réel, parce qu'il ne saurait y avoir de place pour deux réels concomitants ; il est illimité, si l'on veut, mais il est unique. Tandis que l'idéal est multiple et chaque idéal est illimité. Une loi physique s'appliquera à tout le réel et lui donnera ainsi un statut définitif, au lieu qu'une loi sociale, pour faire régner une harmonie relative dans le milieu social, devra limiter ce qui est par nature illimité, restreindre un peu l'idéal de chacun et le rétrécir à la mesure de cadres toujours provisoires, toujours évoluants.

Il semble bien que la loi bonne serait dès lors celle qui, sans s'adapter pleinement à personne, fournirait à tous une sauvegarde suffisante de leurs propres tendances, idéal jamais atteint mais toujours assigné à l'effort loyal des législateurs.

L'individu sain était celui en qui résidait l'équilibre des facultés. La loi saine serait celle en qui se confondraient harmonieusement les aspirations, les tendances, les mœurs, les coutumes, tout ce qui dans le corps social réclame une place au soleil, quitte à restreindre un peu la place de chacune afin que le soleil luise pour tous.

Définir la loi bonne, c'est assez dire qu'une loi peut être mauvaise et c'est indiquer par *à contrario* quels seront les caractères d'une loi mauvaise.

Nous avons vu, au chapitre précédent, que l'idéal individuel à poursuivre, c'est l'équilibre psychologique. Que ce soit la sensibilité, que ce soit l'intelligence, que ce soit l'imagination, il n'y a pas de faculté privilégiée. Toutes sont obligées de tenir compte modestement des exigences voisines. Que chaque faculté soit à sa place, et l'action criminelle ne peut prendre naissance, faute de terrain propice.

Mais au lieu de supposer la loi parfaite par définition et par une concession de l'esprit, supposons l'irréalisable individu parfaitement bon et équilibré, du point de vue social. Voilà un homme qui, tant par tradition que par le résultat d'un lent effort personnel, comprendrait la nécessité de la discipline sociale, en fait et en droit. Il la respecterait par instinct autant que par raison. Issu d'une race d'honnêtes gens, il n'aurait eu que la peine de naître, on peut le dire, pour respecter l'ordre social, et apporter tout son dévouement à la chose publique. Voyant le bien dans le respect de la loi, il aimerait naturellement et sans effort tout ce qui serait ordonné par l'autorité légale, et son imagination tout à fait saine ne verrait rien en dehors de la voie droite. Est-il cultivé ? a-t-il pris contact avec les théories variables et contradictoires de la raison humaine ? Il saurait qu'il faut faire la part de la logique, du raisonnement, qui peuvent être utiles à la vie, lui inspirer des directions, mais qui ne se confondent pas avec la vie elle-même, et, dans les actes, doivent rester soumis au contrôle de la vie réelle qui les dépasse. A-t-il, au contraire, des passions ? des sens tyrannisés par des nerfs irritables et un sang chaud ? a-t-il une sentimentalité débordante ? une imagination impétueuse et entraînante ? Il sait, parce que beaucoup d'autres l'ont su jusqu'à lui et parce qu'il en a fait lui-même l'incessante expérience, il sait que toutes ces tendances personnelles ne peuvent être autorisées à se traduire en actes que si elles tiennent compte sans cesse de la froide raison qui fait valoir les droits restrictifs du général sur le particulier.

Voilà le bon citoyen, le soldat du droit, le champion des lois qui fait les nations fortes ; l'action criminelle, semble-t-il, ne l'effleurera jamais.

Et pourtant rien n'assure qu'il ne serait pas criminel un jour. Les lois procèdent de la vie générale, qu'on le veuille ou non, mais elles tranchent, par nature, dans la réalité. Elles peuvent et doivent trancher un peu dans tout pour être un résumé fidèle du réel et apporter un principe régulateur dans tous les actes ; mais si leur fonction nécessaire d'élimination s'applique à donner le pas à une tendance sur une autre, à une idée sur une autre, à une croyance sur une autre, à un courant sur un autre, que va-t-il se passer ? Il ne s'agira plus ici d'une comparaison entre des vues de l'esprit que l'on puisse rejeter ou d'où l'on puisse n'extraire que ce que l'on juge utile à soi-même et aux autres.

Une loi est essentiellement impérative ; elle ne propose pas, elle impose. Une théorie étant choisie par le législateur pour dominer la vie d'un pays, il faudra, sous menace de sanctions pénales, la traduire en actes, en faire l'inspiratrice arbitraire et exclusive de la vie réelle.

Prenons un exemple. L'histoire est remplie du conflit insoluble du principe d'autorité et du principe de liberté. Un peuple qui ne respecte pas la liberté individuelle dans une certaine mesure ne progresse pas, parce que l'évolution des idées et des mœurs, pour sortir du domaine de l'idée pure et entrer dans celui du réel, a besoin d'une législation qui ne lui en ferme pas absolument la porte. D'autre part un peuple qui ne respecte pas pratiquement le principe d'autorité est voué aussi à la stérilité, parce que le progrès effectif ne peut s'appuyer que sur des réalisations et que celles-ci sont liées au respect pratique de l'autorité sociale.

Il faut donc essayer d'appliquer simultanément ces deux principes, les combiner, les associer pour que règne l'harmonie sociale dans le progrès indéfini ! Voilà le but à atteindre, voilà le rêve. Mais le fait est bien différent. Si l'on interroge l'histoire, on a le spectacle de luttes sans fin livrées au nom du principe d'autorité ou du principe de liberté, chacun voulant s'imposer, à l'exclusion de l'autre. Le régime moderne souligne peut-être plus que tous les autres le caractère intransigeant de chaque tendance politique. Une majorité arrive presque fatalement au pouvoir avec le mandat impératif de restaurer l'autorité ou de faire régner la liberté. On ne dira pas que l'on veut détruire ce que l'on combat, mais, dans l'ardeur de luttes incessantes, on finit par détester totalement ce que l'on a vite fait de considérer comme l'ennemi. On voulait restaurer la liberté sous l'égide de l'autorité, et l'on arrive à détruire l'autorité au nom de la liberté. On voulait refaire l'autorité pour garantir la liberté, et voilà qu'on supprime la liberté pour protéger l'autorité.

On dira qu'en pareil cas tout le monde choisit son drapeau, que chacun se range dans l'une des armées en présence selon ses tendances propres et qu'en fin de compte, rien n'est changé. Il faut prendre garde de ne pas faire une pétition de principe. D'abord, lorsqu'une question est posée à laquelle il faut répondre par oui ou par non, force est bien au citoyen le plus équilibré, s'il veut se mêler à la vie du pays, de se plier aux formules qu'on lui présente en prenant une place de combat dans l'alternative.

Mais ce n'est pas impunément qu'on se jette dans la mêlée, et quiconque y entre indifférent en sort meurtri ou triomphant, ayant aussi fait passer dans ses membres la cause au nom de laquelle il a d'abord combattu presque malgré lui.

Il en sera le plus souvent ainsi. Chaque fois qu'une loi consacrera le triomphe d'un parti sur le parti adverse, d'une manière de voir sur l'esprit contraire, l'ordre se transformera en désordre.

En face d'une loi de combat, se classent les partisans, les adversaires et les indifférents. Partisans et adversaires étaient extrêmes, et ils le restent. Mais que deviennent les autres ?

Lorsque les assemblées législatives édictent des pénalités correctionnelles spéciales, contre la propagande anarchiste d'une part, contre l'exercice de la vie religieuse par ailleurs, les ennemis des anarchistes ou les ennemis des dogmes sont contents de voir ériger en doctrine d'État leurs propres passions ; les uns et les autres, s'ils n'abdiquent pas leurs convictions ou plutôt, s'ils ne renoncent pas à les manifester, sont contraints à enfreindre la loi pénale, à devenir des criminels ; ils le savent aussi et acceptent par avance les sacrifices nécessaires à leur position d'avant-garde. Mais les autres, ceux qui, n'étant ni anarchistes ni croyants, sont simplement sympathiques à toutes les convictions sincères et courageusement exprimées, que vont-ils devenir ? Leur bon sens pratique leur disait qu'il fallait assurer à chaque opinion, à chaque croyance, à chaque tempérament même la plus grande somme possible de liberté, dans la limite seulement de la liberté des autres. Cette vue profonde de l'esprit avait pénétré toute leur personne, leurs sentiments et leurs rêves s'en étaient ressentis et s'y étaient associés ; leur libéralisme n'était pas seulement dans leur esprit, mais dans leur vie. Et voici qu'une loi pénale est édictée qui n'est pas seulement une théorie contredisant une théorie, mais une règle de vie qui s'oppose à leur propre vie et l'oblige à entrer dans les mêmes moules !

Il faudra choisir, obéir ou désobéir, respecter la nouvelle loi pénale ou commettre l'action criminelle. Résiste-t-on? C'est la peine qui provoque les révoltes de la raison. Obéit-on? C'est la rancune qui s'amasse au fond du cœur. Et ainsi, quoi qu'on fasse, et parce que la même vie relie le cœur au cerveau et aux membres, insensiblement, la belle harmonie s'atténue ; la rage du cœur amène la révolte de l'esprit, et les sectaires de gauche font les sectaires de droite, comme les tortionnaires de droite faisaient les tortionnaires de gauche. En d'autres termes, et c'est là le crime social proprement dit, la loi d'exception ou de tendance, successivement flétrie par tous les partis vaincus, apporte le désordre où régnait l'ordre. Après avoir accentué la criminalité existante, elle la crée où elle n'était pas encore.

Car c'est à ces constatations qu'il faut en venir, en reprenant pied sur le terrain solide des faits.

Que l'on compare, dans l'histoire, les périodes calmes et les périodes troublées ! On décore volontiers du nom de révolution la substitution violente d'un parti-pris à un autre. En période révolutionnaire, la violence règne partout ; défenseurs de l'État ancien, promoteurs de l'Etat nouveau, terreur blanche et terreur rouge, le crime est général. Ce ne sont pas seulement les partisans politiques qui se tuent et se dépouillent ; mais, par une sorte de contagion spécifiquement criminelle, les crimes sans tendances se multiplient du haut en bas de l'échelle sociale : drames de famille ou attaques à main armée sur les grands chemins. La vie humaine paraît avoir moins de prix et la propriété moins de valeur. Tout conflit, qu'il soit international sous forme de guerre étrangère ou intérieur sous forme de guerre civile, fait croître l'action criminelle comme un champignon vénéneux. Après les brigandages de la Révolution française, il y a eu le banditisme des guerres de l'Empire, l'innombrable vol des corbeaux s'abattant sur l'Europe entière.

Et si l'on abandonne les époques monstrueuses et exceptionnelles, si l'on constate un assagissement réparateur dans les temps qui suivirent, encore peut-on constater de nos jours une recrudescence de délits, tout au moins, à l'occasion de nos plus modestes révolutions contemporaines.

Que ce soit sous forme de délits de presse, de délits d'injures ou de violences, on voit tous les jours, lorsque se fait l'application des lois partiales, les esprits les plus pondérés, les natures les plus saines, sortir de leur sagesse et rendre coups pour coups, répondre aux violences légales par des violences individuelles ?

« N'est-ce pas une affaire exceptionnelle », disait, il y a quelques années, le chef du gouvernement français à propos d'une de ces crises périodiques, « celle qui a pu « troubler les consciences les plus sûres et jeter dans je « ne sais quelle anarchie des hommes connus jusqu'à ce « jour pour l'élévation et la solidité de leur esprit? » (*Discours de M. Charles Dupuy*, Chambre des Députés 1899. Loi de dessaisissement).

En réalité, si l'affaire était exceptionnelle, elle ne l'était pas pour avoir jeté le trouble dans les consciences ; c'était prendre ici l'effet pour la cause. Toute affaire exceptionnelle provoquera ainsi le trouble des cœurs et des esprits, elle sèmera l'anarchie parmi la discipline, l'ordre parmi le désordre, parce que le désordre ne peut engendrer que le désordre et soumettre l'ordre même à sa contagion. Voilà le crime social : la société le commet quand elle ne sait pas rester maîtresse d'elle-même, « *compos suî* », et qu'elle se livre sans restriction à un théoricien, à un démagogue, à un apôtre.

La réalité générale, si l'on peut ainsi s'exprimer, est tout autre. Il n'y a pas deux synthèses abstraites qui se disputent la suprématie, mais un seul et même réel qui est fait de tout. Nous avons examiné d'abord l'hypothèse d'une loi idéale semant l'ordre et l'harmonie si elle est respectée, et toujours respectée par les êtres bons, généreux, intelligents, épris de vraie beauté, contribuant d'ailleurs par son action bienfaisante à maintenir la paix, le progrès et la force dans les esprits, les cœurs et les volontés. Nous avons vu ensuite, en renversant l'hypothèse, toutes ces belles qualités individuelles compromises, leur unité rompue par les lois partiales.

En fait, parce que la loi procède de l'individu, et parce que l'individu procède de la loi, la perfection n'est nulle part, et la relativité partout. On voit bien qu'une bonne législation ferait de bons citoyens, que de bons citoyens feraient de bonnes lois, mais qui doit commencer? Les lois pénales sont aussi vieilles que le monde ; mais le besoin de règle est aussi vieux au cœur de l'homme que la loi elle-même.

L'imperfection légale et l'imperfection individuelle se succèdent, réagissent l'une sur l'autre. L'analyse révèle les effets de l'une sur l'autre avec une perpétuelle réciprocité. Crimes individuels et crimes sociaux se font écho à travers les temps et les lieux. Ils diminuent aujourd'hui, pour augmenter demain et dépasser le niveau d'hier. Quel remède y apporter?

Criminalistes et moralistes s'épuisent, depuis l'origine des sociétés, pour atténuer le mal. Ils y réussissent quelquefois, parce que rien n'est stable dans le relatif, pas plus le mal que le bien, pas plus le crime que l'honnêteté. Mais pourrait-on soutenir sérieusement que les uns ou les autres aient obtenu des résultats définitifs? Les criminalistes sont persuadés que de bonnes lois feraient de bons citoyens, et ils concluent : appliquons-nous à améliorer la législation en tenant compte des leçons du passé et des besoins du présent. Ils sont débordés par l'état social divisé qui les empêche de réaliser leurs rêves. Les moralistes répliquent : les lois importent peu si les individus ne s'améliorent pas, commençons par réformer les consciences. Mais chacun propose son remède, et aggrave presque, par sa propagande, l'état de trouble qui favorisait l'action criminelle. Ils se tournent alors du côté du législateur pour rejeter la faute sur lui. Et c'est ainsi que le crime continue sa marche au milieu de l'universel découragement : moralistes et criminalistes s'accusant sans fin de compromettre, par leurs méthodes personnelles et leurs convictions les plus sincères et les plus respectables, leur victoire sur l'ennemi commun.

TROISIÈME PARTIE

LES REMÈDES

Le problème essentiel reste à résoudre maintenant. Nous avons essayé d'analyser l'action criminelle. Cette première étude nous a fourni la clef des causes du crime.

Avant d'examiner directement si le crime peut, par lui-même ou dans certains cas, être ou non légitime, nous nous placerons d'abord sur le terrain du sens commun, dont nous adopterons provisoirement les conclusions ordinaires, et nous dirons : l'action criminelle est un mal ; quels en seront les remèdes efficaces ?

Le crime est la désobéissance pratique aux lois pénales établies ; mais comme les lois pénales procèdent du milieu social, elles peuvent, elles aussi, être criminelles, en méconnaissant tout ou partie de la réalité sociale. Tout ce qu'on peut dire, pour le moment, c'est que le crime diminuera dans la mesure où ces deux éléments qui se conditionnent, individu et société, se rapprocheront, tendront à s'adapter, à se combiner organiquement par un mutuel enrichissement.

Que le droit et le fait puissent être en conflit, c'est ce qu'on ne saurait contester. Ils y seront plus ou moins, mais ce conflit est historiquement continu.

« L'opposition entre le droit et les mœurs ne se produit « que dans des circonstances tout à fait exceptionnelles. « Il faut, pour cela, que le droit ne corresponde plus à « l'état présent de la société et que pourtant il se main- « tienne, sans raison d'être, par la force de l'habitude. « Dans ce cas, en effet, les relations nouvelles qui s'éta- « blissent malgré lui ne laissent pas de s'organiser ; car « elles ne peuvent pas durer sans chercher à se conso- « lider. Seulement comme elles sont en conflit avec « l'ancien droit qui persiste, elles ne peuvent recevoir « qu'une organisation un peu flottante ; elles ne dépassent « pas le stade des mœurs et ne parviennent pas à entrer « dans la vie juridique proprement dite. C'est ainsi que « l'antagonisme éclate. Mais il ne peut se produire que « dans des cas rares et pathologiques qui ne peuvent « même durer sans danger. Normalement les mœurs ne « s'opposent pas au droit, mais au contraire en sont la « base. » (Durkheim, *De la division du travail social*, p. 68).

Toute solution intellectualiste, quelque compréhensive qu'elle soit, paraît devoir être forcément insuffisante. Dire qu'une législation pénale doit s'élargir, faire bon accueil à toutes les opinions, est tout au moins d'une réalisation difficile. « Comment changer la morale si l'on ne s'en écarte ? « Dira-t-on qu'on peut y ajouter des maximes nouvelles « sans rien retrancher des anciennes ? La solution serait « purement verbale. Les règles qu'on ajoute en refoulent « nécessairement d'autres. Une morale n'est pas une « grandeur mathématique qui peut croître ou décroître « sans changer de nature, c'est un système organique

« dont les parties sont solidaires, et le moindre change-« ment qu'on y introduit en trouble toute l'économie. De « tout temps les grands réformateurs de la morale ont « condamné la morale régnante et ont été condamnés par « elle. » (Durkheim, *Revue philosophique,* 1895, I ; p. 522).

C'est d'autre part une manière de voir spéciale, une vue de l'esprit, qui, en elle-même, indépendamment de ses difficultés de réalisation, provoque la discussion et, par conséquent, ne saurait revendiquer la prééminence.

La réalité est multilatérale, ou plutôt omnilatérale. Le remède à l'action criminelle ne saurait donc, pour être efficace, venir de l'extérieur, d'une vue de l'esprit, de l'élan du cœur, même de l'effort des volontés.

C'est l'erreur de bien des criminalistes, de bien des moralistes d'avoir voulu atteindre l'action criminelle par en haut ou par en bas, par la loi seule ou par l'individu seul. De même que l'action, en général, est le point de croisement de toute réalité, de l'idéal même et du réel, de l'objectif et du subjectif, de l'individuel et du social et de chacun de leurs éléments, de même l'action criminelle est tout cela, mais elle est spécifiquement la rencontre de l'individuel et du social, du personnel et du légal refusant l'unité. Dès lors, il ne faut pas espérer modifier intimement l'action criminelle en donnant une coloration nouvelle à l'un des éléments composants. D'autres éléments se combineront, mais le mouvement restera le même, soumis au même principe désagrégeant.

Si vous voulez démontrer le principe des vases communiquants, il est indispensable que le tube qui les relie ne soit interrompu par aucune solution de continuité ; si la moindre cassure se produit, l'expérience devient radicalement impossible. Il importera peu que l'opérateur remplace l'eau par du mercure ou tout autre liquide, qu'il modifie le contenu de l'un des vases, qu'il l'augmente ou qu'il le diminue ; bien plus, il serait inutile même d'apporter aux deux vases des modifications identiques et concomitantes. Sans tenir compte de l'infirmité inévitable qui accompagne toute symétrie ne résultant que du savoir-faire humain, le principe fécond resterait incompris et ses conséquences demeureraient stériles tant que le tube de communication lui-même ne serait pas réparé.

L'action criminelle ne peut être modifiée, atténuée, atteinte d'une façon quelconque que par un remède qui soit fait pour elle, qui aille la chercher en elle-même, où elle se trouve, à ce point de rencontre synthétique de l'individu et du social.

Les criminalistes proposent de remplacer par du mercure l'eau de l'un des vases ; les moralistes, connaissant mieux l'autre, proposent des modifications identiques de l'autre côté. Et comme le passé nous poursuit et s'impose définitivement à nous; comme, selon l'expression déjà citée de M. Bergson : « En réalité le passé se conserve de lui-même, automatiquement, et tout entier, sans doute nous suit à tout instant », « penché sur le présent qui va s'y joindre, pressant contre la porte de la conscience qui voudrait le laisser dehors », peu à peu les liquides s'ajoutent aux liquides, les vases se remplissent et débordent, mais l'action criminelle reste la même, identique à ce qu'elle était au premier jour. Parfois, par le hasard des événements, il semble que l'équilibre va s'établir. L'individu et la société, les moralistes et les criminalistes, séparés par tout un monde, se trouvent fortuitement de niveau. Il y a bien un hiatus, des défaillances isolées, mais un dernier effort paraît devoir vaincre facilement ce suprême résidu des anciens antagonismes. L'effort est loyalement tenté de part et d'autre, et voilà que l'action criminelle, au lieu de disparaître définitivement cette fois, paraît avoir repris une vitalité nouvelle. On voulait lui donner le coup de grâce, et on lui a inoculé, semble-t-il, un sang qui prolonge et développe sa vie.

Telle est bien l'histoire de l'action criminelle depuis les origines de la vie sociale : une série désordonnée de progrès et de reculs dominée par une fondamentale impuissance.

Ce qu'il faut trouver, ou, plutôt, ce qu'il faudra favoriser et développer, c'est l'organe de communication entre l'individu et la société. Puisque l'action criminelle est le résultat d'une disproportion entre l'individu et la société, il faut porter ses recherches sur des organes qui, n'étant ni identiques à la société ni identiques à l'individu, touchent assez à l'un et à l'autre pour leur servir de véhicule ou de courroie de transmission.

La législation pénale est l'expression d'une société spéciale : la nation, ou la tribu, ou le clan. Elle réglemente les droits et les devoirs des citoyens ou des sujets. N'y a-t-il pas autre chose ?

N'y a-t-il pas des associations différentes coexistant avec l'association nationale? N'ont-elles pas un rôle à jouer? Historiquement, l'association a subi une évolution dont il importe de pénétrer le caractère.

« Dans les groupes parfaitement homogènes, les per« sonnalités, par cela même qu'elles ne diffèrent pas les « unes des autres, ne s'opposent pas les unes aux autres. « Parlant des Slaves du Sud réunis en zadrugas, Guy-« Coquille disait que, par « fraternité, amitié et liaison « économique, ils font un seul corps. » L'étude des « croyances propres aux sociétés primitives, que leur « grande homogénéité distingue des civilisées, tendrait à « prouver que leurs membres se considèrent comme « faisant en quelque sorte partie d'une seule chair. On « pourrait dire qu'une seule âme les mène, tant leurs « âmes particulières pensent à l'unisson. » (Bouglé, *Les idées égalitaires*, p, 139.)

« Ceux-là mêmes qui attendent des progrès de l'indus« trialisme la restauration d'une organisation corporative « reconnaissent que la corporation moderne ne saurait, « *comme l'ancienne*, accaparer tout l'individu. » (*Ibid.*, « p. 192.)

« Lorsqu'un individu n'appartient qu'à une société, « c'est alors qu'il lui appartient tout entier. Toutes « ses idées sont déterminées comme toutes ses actions « sont commandées par la collectivité; sa personnalité « reste fondue dans la masse et on ne mesure l'estime « qu'on lui accorde qu'à la valeur du groupe auquel il « est inféodé. » (*Ibid.*, p. 192.)

« Il est invraisemblable qu'un pouvoir central fort « veuille tolérer ces États partiels qui, accaparant leurs « sujets, divisent la totalité des siens en groupes hétéro« gènes aussi fermés que compacts, et s'opposent à leur « égalisation. Il peut très bien, au contraire, s'accorder

« avec ces associations multiples et entrecroisées qui, « mêlant ses sujets pour les fins les plus différentes, les « empêchent de se constituer en grands corps nettement « tranchés et, les prenant chacun par un seul côté de « leur personne, les laissent aussi, par un certain côté, « également soumis à son gouvernement. » (Bouglé, *Les Idées égalitaires*, p. 234).

La même idée se trouve développée à diverses reprises, quoique sous une forme un peu différente, dans l'ouvrage de M. Durkheim : *De la Division du travail social.*

« Si l'on essaie de constituer par la pensée le type « idéal d'une société dont la cohésion résulterait exclusi- « vement des ressemblances, on devra le concevoir « comme une masse absolument homogène dont les par- « ties ne se distingueraient pas les unes des autres et, « par conséquent, ne seraient pas arrangées entre elles, « qui, en un mot, serait dépourvue et de toute forme « définie et de toute organisation. Nous savons que la « religion y pénètre toute la vie sociale, mais c'est parce « que la vie sociale y est faite presque exclusivement de « croyances et de pratiques communes qui tirent d'une « adhésion unanime une intensité toute particulière. » (Durkheim, *De la Division du travail social*, p. 197).

« Le type social nouveau repose sur des principes « tellement différents du précédent qu'il ne peut se déve- « lopper que dans la mesure où celui-ci s'est effacé... « Sans doute, quand cette organisation nouvelle com- « mence à apparaître, elle essaie d'utiliser celle qui « existe et de se l'assimiler... mais cet arrangement « mixte ne peut pas durer longtemps, car, entre les deux

« termes qu'il entreprend de concilier, il y a un antago-
« nisme qui finit nécessairement par éclater. Il n'y a
« qu'une division du travail très rudimentaire qui puisse
« s'adapter à ces *moules rigides définis* et qui ne sont pas
« faits pour elle. Elle ne peut s'accroître qu'affranchie de
« ces cadres qui l'enserrent. » *(Ibid.*, p. 199).

« Tant que la société est faite de segments, ce qui se « produit dans l'un d'eux a d'autant moins de chance de « faire écho dans les autres que l'organisation segmentaire « est plus forte. Le système alvéolaire se prête naturelle- « ment à la localisation des événements sociaux et de « leurs suites. C'est ainsi que dans une colonie de polypes « un des individus peut être malade sans que les autres « s'en ressentent. Il n'en est plus de même quand la société « est formée par un système d'organes. Par suite de leur « mutuelle dépendance, ce qui atteint l'un en atteint « d'autres, et ainsi tout changement un peu grave prend « un intérêt général. » *(Ibid.*, p. 244).

On pourrait multiplier les citations. Les sociologues constatent unanimement une transformation progressive de l'organisation sociale. Qu'on emploie les termes de simplicité sociale, organisation segmentaire, solidarité mécanique, l'histoire humaine montre les peuples dirigés vers un même avenir et issus d'une commune origine.

Dans les sociétés primitives c'est leur personnalité entière que les individus joignent à celles de leurs semblables, de leurs parents, de leurs voisins, de leurs concitoyens, de leurs coreligionnaires, pour jouir des avantages de la vie de société.

C'est ainsi, que dans les tribus des premiers âges, le père aura droit de vie et de mort sur ses enfants ; plus tard, ce sera le clan, réunion de plusieurs familles, ce sera la cité, ce sera l'État.

A mesure que l'on avance dans l'histoire, l'individu brise le cercle étroit qui l'enserre ; il veut voir plus loin et peu à peu une interpénétration se produit. Les petits groupements ont une tendance à se fédérer et à se placer sous une autorité commune, qui soit pour chacun, dans certains cas, comme un recours contre l'autorité première. Les petits seigneurs deviennent des vassaux, et le suzerain fonde progressivement une nouvelle division territoriale plus large qui étend le cercle des relations sociales.

L'antiquité a fourni un premier exemple de cet élargissement progressif de la vie de société.

Les cités Grecques, étroites et resserrées, pouvaient favoriser l'éclosion de la pensée personnelle de leurs philosophes, de leurs artistes, mais ceux-ci ne pouvaient la répandre qu'au prix des plus grandes difficultés.

« Et sans doute — encore que l'exiguïté des cités Grec-
« ques ait laissé plus d'une empreinte sur la morale même
« de leurs philosophes — l'effort d'une pensée personnelle
« devançant les temps est capable de franchir les bornes
« des milieux sociaux les plus étroits ; mais, pour que
« l'idée conçue, de personnelle devienne collective et des-
« cende dans les masses, n'importe-t-il pas que les trans-
« formations de ces mêmes milieux lui préparent les
« voies ? C'est en ce sens que l'extension de l'empire
« aidait l'opinion romaine à penser l'humanité. » (Bouglé, *Les idées égalitaires*, p. 94).

Ainsi, un premier phénomène se produit. Les groupes exigüs font place peu à peu à des groupes plus larges ; la cité grecque s'achemine progressivement vers l'empire romain.

Que ce soit dans le monde des idées ou des arts, ou de l'industrie ou du commerce, la division du travail, ainsi que le nombre des groupements et celui de leurs éléments composants, seront en raison directe de l'élargissement du groupe supérieur.

C'est ainsi que l'empire romain était devenu la raison sociale d'une multitude de groupements variés.

« Babel de groupements hétérogènes, l'Empire romain « devait voir l'entrecroisement de classifications de toute « nature et de toute date. On sait d'ailleurs qu'indépen- « damment des liens quasi-naturels, comme ceux que « tisse d'elle-même la communauté du sang ou du sol, « les citoyens romains se forgeaient volontairement, pour « les objets ou sous les prétextes les plus divers, des « chaînes sociales de toutes sortes. L'histoire du déve- « loppement des collèges et des sodalités en apporte la « preuve. » (Bouglé, *Les idées égalitaires*, p. 177).

Et plus loin : « Les collèges se sont beaucoup plus « multipliés sous l'empire qui les poursuivait, que sous « la République qui les laissait libres. Dans une Société « à la fois aussi antique et aussi ample que l'Empire « romain, la complication sociale ne pouvait manquer « d'être grande. » (*Ibid.*, p. 178).

L'Empire romain s'est peu à peu dissous ; une nouvelle civilisation a surgi, analogue dans ses origines et dans son développement, et aujourd'hui, voici que l'association se développe de nouveau dans l'État, malgré l'État d'abord, presque protégée maintenant par l'État lui-même.

C'est là vraiment la situation particulière des temps modernes.

La République romaine, comme les cités grecques, laissait les associations naître et se développer librement; mais l'exiguïté même de leurs territoires, la limitation de leurs populations empêchaient qu'elles puissent se développer et se multiplier en nombre suffisant pour devenir une force jouant un rôle prépondérant. Enfermées dans les limites d'une cité, elles ne pouvaient être les unes pour les autres que d'un très relatif secours ; leur développement et leur avenir étaient par trop bornés.

Lorsque la République se transforma en Empire, le territoire s'était agrandi, mais alors le pouvoir central, jaloux de son autorité, vit d'un œil défavorable de telles puissances grandir à côté de la sienne, fatalement contre la sienne, et il les poursuivit avec acharnement, sous toutes les formes qu'elles revêtaient.

De nos jours, la tendance à l'association, qui vient de loin et s'est développée parallèlement à la formation des grandes unités nationales, prend un essor tel que le pouvoir central, après l'avoir combattue, semble prendre le parti de la favoriser pour se l'assimiler et la diriger, dans le but de transformer une force contraire en force auxiliaire.

Qu'en fait, l'association se développe de jour en jour davantage, c'est ce que personne ne contestera. Dans tous les ordres d'idées et de faits, il y a cette tendance qui serait une manie négligeable, si elle ne comportait des conséquences de plus en plus profondes dans tous les ordres d'idées ou de faits.

En matière politique, économique, industrielle, religieuse, artistique, littéraire, scientifique, c'est un débordement de ligues, syndicats, trusts, académies, œuvres : vocables variés manifestant le même mouvement, la même évolution.

« On peut noter déjà, écrit un journaliste parisien des « plus avertis, entre les jeunes gens qui débutèrent aux « environs de 1890 dans les carrières libérales, dans les « fonctions publiques, et les jeunes gens d'aujourd'hui, « des différences très caractéristiques. La plus visible, la « plus évidente est la *tendance à l'association*. C'est ce « besoin de groupement et de communauté qui a com- « mencé à se manifester un peu partout, il y a vingt ans, « et qui se développe sous nos yeux avec l'intensité que « l'on sait... Il existe non-seulement des associations « professionnelles ; mais encore au sein de ces associa- « tions des syndicats et des groupements particuliers. Il « y a des associations fédérales, provinciales, locales. « Ces associations elles-mêmes s'unissent entre elles et « communiquent, comme si aucun être humain ne pou- « vait plus prendre désormais une résolution quelconque « sous sa propre responsabilité. Notre conduite, dans la « plupart des circonstances de la vie, nous sera bientôt « dictée par les groupes sociaux auxquels nous serons « incorporés. La volonté individuelle tendra à être rem- « placée par des volontés anonymes et collectives, que « leur accumulation et leur nombre rendront irrésisti- « bles. » (Alfred Capus, « l'Association », *Figaro* du 23 mars 1909).

Le développement des associations est tel qu'il intéresse tous les organes existants, toutes les forces établies. Le Parlement est obligé de compter avec elles, sous peine de se voir compromis dans son autorité de fait.

Un romancier à succès a pu donner cette prophétie comme conclusion à un article sur des élections législatives générales :

« Il en ira ainsi jusqu'au jour où le régime parasitaire « sera violemment détruit par une révolte de la vraie « majorité. Mais il est fort possible que cette révolte « n'ait pas lieu. Elle n'aura pas lieu si, comme tout le « fait prévoir, le Parlement, redoutant de plus en plus « une opinion qu'il sent menaçante, fait des concessions « sur sa propre souveraineté. Il est prêt à les faire toutes, « pourvu que l'opinion le laisse vivre. Alors, de plus en « plus, les affaires de la nation se traiteront en dehors de « lui, dans des groupements d'en haut ou d'en bas qui, « eux, représenteront l'activité politique. Roi peu à « peu dépossédé, il végétera, n'ayant plus des préroga- « tives souveraines que la liste civile. Et le jour où il « disparaîtra ne sera même pas un jour de révolution : « une organisation politique de la France indépendante « du Parlement, et que la nécessité aura peu à peu créée, « lui succèdera sans secousse. » (Marcel Prévost, « Électeurs Français, " *Figaro* " du 17 avril 1910).

Récemment, le 28 mars 1909, M. Aristide Briand, chef du gouvernement français, prononçait à Le Neubourg les paroles suivantes :

« La République a donné la vie à des personnes « nouvelles, à des personnes modernes. Autrefois on

« connaissait l'individu, poussière d'énergie affirmant « ses revendications particulières, on pouvait l'agglo- « mérer dans la nation. Sous l'influence d'une transfor- « mation économique profonde et sous l'influence morale « des principes de solidarité répandus dans le peuple, « les individus se sont rapprochés. Ils ont constitué des « groupements auxquels la République a donné un « état civil. Ils ont fait leurs premiers pas en tâtonnant, « mais comme on ne s'occupait pas d'eux, ils n'inquié- « taient personne. Ils ont grandi plus en nerfs qu'en « muscles. On les voit se livrer à des mouvements désor- « donnés et on dit : « Ce sont des personnes dange- « reuses, il faut les tuer. » La République ne doit pas « tenir un tel raisonnement. Elle doit, au contraire, leur « donner la pleine existence. Au-dessus des individus « le groupement, mais au-dessus encore, seule garantie « des individus et des groupements, l'association géné- « rale de tous les citoyens dans la nation. »

Ce n'est pas sans peine que les groupements intermédiaires ont pu aboutir à cette situation prépondérante, et imposer ainsi le respect d'eux-mêmes à toutes les puissances établies.

« En France », indiquait M. Bouglé, avant la loi de « 1901 sur la liberté d'association », lorsque plus de vingt « personnes se réunissent sans autorisation préalable, « c'est un délit ; mais, en fait, s'il fallait poursuivre et « dissoudre toutes les associations qui fonctionnent sans « autorisation, la moitié de la France serait condamnée... « En France la jurisprudence corrige la sévérité du code. « Elle admet pour les sociétés de fait une existence de

« fait. On sait enfin que les lois nouvelles facilitent la « constitution des associations professionnelles. Les « États sont désormais incapables d'arrêter la marée « montante des associations particulières. Qu'on mesure « seulement d'un coup d'œil le développement irrésis- « tible des Trades-Unions en Angleterre, des Gewerk- « Vereine en Allemagne, des Syndicats en France, et l'on « se rendra compte que la multiplication des groupements « est un des traits caractéristiques de notre âge. » (Bouglé, *Les Idées égalitaires*, p. 180).

Nous avons vu qu'aujourd'hui l'association peut, en principe, se développer librement ; Gouvernement et Parlement ont dû s'incliner après une longue résistance.

Les Républiques de l'antiquité les autorisaient, mais l'exiguïté territoriale nuisait à leur développement. Plus tard, l'Empire romain les a vues croître et se multiplier à raison de son étendue et de l'accroissement des rapports sociaux que celle-ci comportait, mais il les combattait avec ardeur. Il appartenait à notre État moderne de les voir croître en les autorisant d'abord, pour arriver peut-être à les favoriser.

Il faut rechercher la raison de cette attitude nouvelle.

CHAPITRE PREMIER

ASSOCIATIONS HOMOGÈNES ET ASSOCIATIONS HÉTÉROGÈNES

Jusqu'au siècle dernier, on ne connaissait guère qu'un type d'association. Que ce soit un seigneur féodal, un Charles le Téméraire voulant conserver ses États malgré les prétentions de son suzerain, que ce soit une Église revendiquant ses droits contre le pouvoir humain, la Papauté dressée dans son intransigeance en face des monarques luttant pour leur indépendance, l'Église réformée de France résistant jusqu'à la mort aux ordres de Richelieu ou de Louis XIV, les gentilshommes français immolés par la Révolution pour leurs idées ou simplement pour leur naissance, les écoles littéraires elles-mêmes qui recouvraient des écoles philosophiques et prenaient place aussi dans la bataille sociale, l'association prend l'homme tout entier ; elle lui fournit une règle complète de vie ; elle n'admet pas l'indifférence ; « qui n'est pas avec elle est contre elle ». Elle laisse peut-être une certaine indépendance relativement à ce qui n'importe pas au but qu'elle poursuit, mais, construite sur le type du pouvoir absolu, elle peut exiger, dès qu'elle le voudra, une soumission totale aux ordres qu'elle donne ; il faut obéir chaque fois qu'elle ordonne, sous peine d'être exclu : « Être ou ne pas être », et les ordres ne sont subordonnés à aucune limitation. Louis XIV enfermait pendant toute son existence « l'Homme au Masque de fer » dans une citadelle ; l'Église prescrira certains aliments, en défendra d'autres, fera pénétrer son autorité dans les actes les plus divers comme les plus ordinaires ; chaque secte exigera de ses fidèles des épreuves qui iront jusqu'à la mort, soumission dernière. Les corporations elle-mêmes n'y échappent pas.

« D'une manière générale, la corporation tend à s'assu-
« jettir la vie intégrale de l'individu. Qu'on se rappelle
« l'étroite discipline morale à laquelle les corporations du
« moyen âge soumettaient la vie privée de leurs membres.
« Cette disposition entraîne dans le corps tout entier une
« curiosité étroite et mesquine appliquée aux faits et
« gestes des individus. Une corporation ressemble à cet
« égard à une petite ville cancanière. » (Georges Palante, « L'esprit de corps », *Revue philosophique*, 1899, II, p. 143).

Tel paraît bien avoir été le caractère essentiel de l'association, jusqu'à nos jours. Quand on appartenait à un groupement, c'était pour lui subordonner toute sa personne.

On comprend dès lors que l'état normal devait être fatalement l'état de guerre. La société se trouvant découpée en groupes fermés, sans communication profonde d'aucune sorte, les contacts de la vie ne pouvaient donner lieu qu'à des solutions violentes ; et chaque groupement ayant la prétention de régenter le tout de la vie, les États, les Églises, les groupements professionnels devaient être ballottés en d'incessants conflits.

« L'homme ne se laissera plus emprisonner dans le

« métier. Ceux-là mêmes qui attendent, des progrès « de l'industrialisme, la restauration d'une organisa- « tion corporative, reconnaissent que la corporation « moderne ne saurait, comme l'ancienne, accaparer « tout l'individu... »

« Il est invraisemblable qu'un pouvoir central fort « veuille tolérer ces États partiels qui, accaparant leurs « sujets, divisent la totalité des siens en groupes hétéro- « gènes aussi fermés que compacts et s'opposent à leur « égalisation. » (Bouglé, *Les Idées égalitaires*, p. 192 et 234).

L'État, jusqu'à ces dernières années, s'en méfiait et les combattait, parce qu'il voyait dans leur forme ancienne un ferment d'hostilité et de division pour sa propre autorité.

« Toutes les espèces de groupements à la fois compacts « et exclusifs, qui découpent une société en masses nette- « ment distinctes, seront les ennemis-nés des pouvoirs « centraux. » (*Ibid.*, p. 225.)

Les pouvoirs centraux les combattaient, dans la mesure où ils étaient opposés à la doctrine d'État. Autrement dit, l'État était un groupement comme les autres, nanti d'une doctrine spéciale, religion ou irréligion d'État, doctrine économique, doctrine d'enseignement : il avait fait son option sur tout, et il faisait, somme toute, un « bloc » spécial que les partisans acceptaient et que les adversaires rejetaient. Cette doctrine d'État rencontrait, dans une plus ou moins large mesure, une ou plusieurs doctrines spéciales des associations existantes ; et l'État était amené à « s'appuyer » sur les associations sœurs et à combattre les associations antagonistes.

A raison même de l'exclusivisme d'État toujours provisoire, les associations amies de la veille pouvaient devenir et devenaient les associations adverses du lendemain ; et ainsi, parce que tout groupement avait sa vie propre indépendante de celle de l'État, et par suite, se suffisait à lui-même, on peut dire qu'aucun d'eux n'a évité la série des vicissitudes favorables et contraires.

Mais aujourd'hui, qu'arrive-t-il ? L'association, par un phénomène qui s'est déjà produit à diverses reprises, perd un peu ce caractère d'hétérogénéité. Les associations qui naissent sont fondées pour un but déterminé, et n'ont pas la prétention d'exiger de leurs membres autre chose que la somme d'efforts destinée à en assurer la réalisation.

« De plus en plus, les associations partielles spécialisées, instituées en vue d'une fin déterminée et ne demandant à leurs membres que la part d'activité exigée par cette fin, remplacent les associations totales absorbantes. » (Bouglé, p. 192).

Celui qui appartient à un syndicat professionnel, au Syndicat des employés de chemin de fer, par exemple, peut en même temps faire partie d'une association musicale ; s'il le veut, il pourra aussi appartenir à une société de lecture, à une société de gymnastique, à un groupe d'excursionnistes, au groupe des anciens élèves d'un lycée, à la ligue des contribuables, des consommateurs, et à tout cela à la fois sans qu'aucun de ces groupes ait jamais l'occasion ni la prétention d'entrer en lutte contre les autres : chacun d'eux reste sur son terrain, sans effort, et par un effet même de sa nature.

« Avec la civilisation prédominent les « associations

« finalistes », volontaires et contractuelles dont chacune « ne saurait interdire à ses adhérents d'adhérer à une « autre. Leur variété augmente en même temps que leur « nombre : ce ne sont pas seulement les intérêts écono- « miques, ce sont les mobiles politiques, religieux, « moraux qui suscitent de toutes parts *Vereine*, sectes et « partis. Et ainsi, au lieu qu'il soit enfermé dans une « seule association exclusive et jalouse qui, en satisfai- « sant tous ses besoins, accaparerait toute son activité, « une multitude de sociétés s'ouvrent à l'homme, à « chacune desquelles il ne prête son activité que dans la « mesure de ses besoins. » (*Ibid.*, p. 192).

Ces associations spéciales, à finalisme limité, se multiplient sans cesse, alors que les associations totales et absorbantes se contentent de défendre leur existence.

Il semble que si le mouvement continue, pas une tendance de notre être ne sera désormais indépendante, isolée ; il y aura pour chacune des restrictions provenant d'un règlement à observer, car, comme le Chien de La Fontaine, on achète nécessairement les avantages de l'association au prix d'une certaine dose d'indépendance.

Mais la personnalité ne saurait en souffrir parce que, dans ce fouillis d'associations spéciales s'appliquant aux petites comme aux grandes choses, chacune représente une synthèse spéciale ; il n'y aura finalement pas une unité sociale appartenant exactement aux mêmes associations.

Et c'est chaque combinaison d'associations finalistes partielles qui fera la personnalité.

La complication sociale, « parce qu'elle fait d'un indi-

« vidu le point d'entrecroisement de cercles très nombreux « et très divers, concourt à distinguer sa personnalité des « autres. » (Bouglé, *Les Idées égalitaires*, p. 192).

On comprend que peu à peu l'État se soit habitué à l'idée de s'en faire des auxiliaires parce que leurs caractères nouveaux rendaient possible leur soumission. Ainsi, nous cherchons un organe intermédiaire entre l'individu et la société : il est là peut-être.

L'action criminelle était le produit des divergences de ces deux éléments extrêmes, et nous ne savions comment atténuer leur antagonisme, ne pouvant traiter l'un et l'autre par les mêmes procédés.

Les procédés bons pour l'un ne valaient rien pour l'autre, et d'ailleurs, soigner chacun d'eux par des procédés différents n'eût fait qu'accroître le désordre. Il y avait jusqu'ici, à côté de la société pénale, d'autres sociétés dans la société, aussi absorbantes, aussi prétentieuses qu'elles. Leur action sur l'individu et sur la société légiférante ne pouvait être que dissolvante ; elles accentuaient les chocs et les divisions, au lieu de les apaiser ou les atténuer. Il semble que nous ayons trouvé cet organe réellement intermédiaire, seul capable d'apporter un remède efficace aux progrès de la criminalité. Il faut examiner le rôle de ces sociétés nouvelles dans le mécanisme de l'action criminelle.

CHAPITRE II

ADAPTATION LÉGALE

Les deux termes, individu et société, sont comme deux pôles extrêmes entre lesquels l'action criminelle se place ; elle naîtra, se développera ou diminuera, selon qu'ils seront plus ou moins rapprochés. Elle disparaîtrait, s'ils parvenaient à faire une équation absolue. Parlant de la vie, nous n'emploierons les procédés des sciences abstraites que comme un échafaudage destiné à en soutenir la complexe architecture. C'est pourquoi l'équation absolue ne saurait être envisagée dans le réel.

Mais entre ces deux supports de notre observation, — l'équation absolue des deux termes et leur divergence systématique et continuelle, — entre la suppression brutale du crime et celle non moins brutale de l'honnêteté sociale, il y a toute une zone intermédiaire dans laquelle s'écrit la vie sociale. Son histoire est celle des variations des deux termes, de leurs rapprochements et de leurs écarts. La loi pénale se rapproche-t-elle de la réalité sociale ? le crime diminue. Les individus font-ils effort, ou, tout naturellement, se conforment-ils aux prescriptions légales ? Diminution du crime.

L'amélioration serait profonde si le rapprochement pouvait être bilatéral, venir d'en haut et d'en bas, de la loi et de la vie individuelle.

Quelle sera donc l'influence de la nouvelle association sur la loi ?

Il n'est pas douteux qu'en principe, " l'union fait la force ".

La démonstration en a déjà été faite, lorsqu'il s'est agi de rechercher la valeur propre de l'être collectif.

Il y a plus dans la société, combinaison des individus, que dans la simple addition des mêmes individus. Et ce qui est vrai du tout est vrai de la partie. Des tendances de même nature, éparses dans le corps social, représentent une certaine force qui se traduira peut-être dans la législation. Mais si les individus qui ont ces tendances, au lieu de rester des isolés, des inconnus les uns pour les autres, se groupent, se concertent, se réunissent, discutent leur idée, se soumettent ensemble et volontairement à une règle, l'idée qui les a groupés prendra, sous cette forme nouvelle de société limitée, une force, une influence bien supérieures à celles qu'elle aurait eues dans l'éparpillement du début.

Toute idée qui aura subi le contrôle de l'association aura bénéficié aussi de la force spéciale qui s'y attache et lorsque le législateur fera la loi pénale, la modifiera, il est certain qu'il sera invité davantage à tenir compte de tout, des idées, des sentiments, des volontés dont la force lui arrivera ainsi augmentée.

Tout le monde se souvient de la récente campagne faite contre le maintien de la peine de mort. Un projet de loi avait été déposé par le gouvernement, qui croyait correspondre à une opinion latente, en favorisant la suppression de la peine capitale. Au premier abord on n'y prêta pas grande attention, mais les crimes se multipliaient et à tort et à raison, on y vit une relation de cause à effet. Quelle était la véritable opinion du pays ? Des philosophes, des savants se prononçaient dans le sens de l'abolition, d'autres contre. Il ne fallait pas songer à faire voter la nation entière par voie de referendum, la constitution s'y opposait et des considérations étrangères auraient pu dénaturer la portée d'une telle consultation.

Il se trouvait qu'une véritable association professionnelle se réunissait périodiquement sur tous les points du territoire. Les jurys criminels étaient justement la réunion spéciale des citoyens chargés d'appliquer la loi en pleine souveraineté, en fait comme en droit, sur ce point, puisque les jurys, en matière capitale, en même temps qu'ils décident de la culpabilité, rendent la peine inévitable. Les jurys criminels étaient les souverains dispensateurs de la peine discutée. Ils étaient donc légalement ceux dont l'avis pouvait importer le plus ; chaque jury étant le juge de l'application en détail, l'ensemble des jurys était le seul juge de l'application en général, autrement dit, du principe même de la peine. L'avis des jurys a été foudroyant, unanime. La question était jugée, une fois de plus le fait entraînait le droit, le réel était victorieux de l'abstrait, et la peine de mort était maintenue et de nouveau appliquée, malgré savants et philosophes.

Que la justice criminelle ait été distribuée autrement, par des magistrats professionnels se bornant à appliquer les lois qu'on leur donne ; il y avait une volonté profonde du corps social qui aurait été violentée inconsciemment, et un malaise plus ou moins grave en serait résulté.

Ainsi, l'association produit ce premier résultat, le plus apparent peut-être, de fortifier les tendances sociales en les précisant.

Les précisant et les fortifiant, elle les impose.

Sous le régime des associations compactes et fermées d'autrefois, tout finissait par rentrer dans leurs cadres, elles absorbaient tout. Créées pour un but défini, elles subissaient toutes l'influence de l'atmosphère sociale et toutes visaient à absorber la personne entière de leurs membres. Aussi lorsqu'une question se posait, l'affirmative et la négative étaient rangées bien vite dans l'un des courants généraux ; et la question posée allait se confondre avec un ensemble de considérations étrangères.

Il n'y a pas très longtemps, une question comme celle de la peine de mort serait devenue le monopole de l'un des deux grands partis belligérants ; les conservateurs ou les libéraux en auraient fait une machine de guerre et elle se serait trouvée subordonnée ainsi au classement des partis établis.

Avec l'association spéciale, « finaliste », la question se pose en elle-même, pour elle-même, toute seule, dégagée de tout voisinage oblitérant.

La peine de mort doit-elle être maintenue ?

Les citoyens se divisent en partisans et adversaires, et comme les uns et les autres peuvent se rencontrer dans les deux groupes politiques antagonistes, force est bien de donner raison tout simplement à l'opinion la plus forte sur cette question, sans se laisser imposer une solution qui répugnerait à la réalité sociale.

L'association finaliste précise les tendances sociales ;

elle les fortifie et elle les impose parce qu'elle les répand. Vous êtes partisans de telle mesure nouvelle ; vous vous réunissez avec tous ceux qui partagent votre opinion ; vous formez une ligue contre la licence des rues, vous réclamez telles sanctions pénales aggravées contre certaines publications. Dans votre groupe, il y a des modérés et des radicaux, des monarchistes et des républicains, des protectionnistes et des libre-échangistes, des peintres, des musiciens, des sportifs, des croyants et des libres-penseurs. Chacun d'eux portera avec lui dans les autres groupes la conviction qui l'anime sur ce point spécial ; et comme aucune force ne peut arrêter l'apostolat spontané de l'idée, par une sorte d'intussusception, l'idée pénétrera dans des milieux variés, y sera digérée, assimilée ; elle s'étendra et y fera des conquêtes dans la mesure où elle correspondra vraiment à des besoins actuels.

Des groupes inférieurs, l'influence s'élèvera pour arriver graduellement à la forme législative.

« Comme les progrès de la division du travail détermi-
« nent une plus grande concentration de la masse sociale,
« il y a entre les différentes parties d'un même tissu, d'un
« même organe ou d'un même appareil, un contact plus
« intime qui rend plus faciles les phénomènes de conta-
« gion. Le mouvement qui naît sur un point se commu-
« nique rapidement aux autres ; il n'y a qu'à voir avec
« quelle vitesse, par exemple, une grève se généralise
« aujourd'hui dans un même corps de métier. Or un
« trouble d'une certaine généralité ne peut se produire
« sans retentir dans les centres supérieurs. Ceux-ci étant
« affectés douloureusement sont nécessités à intervenir,

« et cette intervention est d'autant plus fréquente que le « type social est plus élevé. » (Durkheim, *De la Division du Travail social*, p. 245).

Enfin, l'association épure l'idée en l'élargissant. Un groupe formé sur une idée ou un besoin est porté par définition à ne voir qu'eux et à oublier le milieu réel qui comporte tant d'obstacles, tant de difficultés, tant de raisons de limiter toutes choses. Réaliser une idée, c'est la combiner avec le milieu, et combiner c'est limiter pour adapter dans des proportions que seule la pratique peut révéler.

L'associé, en portant avec lui son idée dans des groupes différents, la confronte perpétuellement avec les autres exigences de la vie réelle sans même qu'il le cherche. Et ainsi, peu à peu, une sorte de triage et d'épuration se fait automatiquement. L'abstrait se réalise de lui-même, par le simple jeu des rouages sociaux.

Lorsque le législateur modifie la loi, sous la pression de l'opinion, il ne fait plus que traduire en formule législative un état de fait latent. Grâce au travail de l'association finaliste, l'idée avait déjà les formes du réel avant qu'elle soit devenue le réel, par l'investiture du législateur.

CHAPITRE III

ADAPTATION INDIVIDUELLE

S'il est vrai que les tendances du corps social, par le développement de l'association finaliste, comme les aspirations individuelles, se rapprochent du législateur et font de la législation une expression plus fidèle et plus complète d'elles-mêmes, ce que nous appelions les crimes sociaux auront, semble-t-il, une tendance à diminuer, sinon à disparaître.

Nous avions vu que la société pouvait être criminelle contre les individus en instituant l'état de guerre législative, en prêtant sa force aux uns contre les autres, en reflétant et fomentant les divisions, au lieu de chercher à lesatténuer. Et nous disions : si le législateur conservait l'attitude impartiale ; si en fait, par l'effet d'un rouage bienfaisant, toute la réalité sociale, en bloc et en détail, pouvait trouver place dans la législation en général et plus spécialement, dans la loi pénale, il semble bien que tout s'arrangerait comme par enchantement ; les luttes cesseraient, les conflits s'apaiseraient, tout le monde serait satisfait ; l'équilibre renaîtrait, et l'action criminelle mourrait, faute d'aliment. Il faut prendre garde ici de ne pas se laisser reprendre par le cercle vicieux déjà entrevu.

L'association finaliste n'aurait aucune utilité profonde

dans l'histoire de l'action criminelle si son rôle se bornait à influer sur la législation.

Si l'individu restait ce qu'il est, si chacun ne sortait de sa tour d'ivoire que pour satisfaire une curiosité, ou se donner le plaisir d'amour-propre de voir ses idées, ses sentiments, ses rêves, partagés par d'autres, si le procédé législatif était seul amélioré par la crise actuelle, il faudrait renoncer à en attendre une réformation efficace et durable. Si la loi seule changeait et non les hommes, l'action criminelle aurait pris d'autres noms ; la loi plus accueillante aux idées rendues impérieuses par le groupement serait peut-être par cela même plus complexe, plus variée ; marqueterie pénale des opinions et des intérêts, la loi pénale serait plus près de l'individu, mais l'action criminelle individuelle subsisterait plus tenace que jamais, rendue plus abondante même par une plus grande complexité des prescriptions coercitives.

Il faut examiner ce que l'association finaliste fera de l'individu après avoir vu ce qu'elle fait de la loi. Il ne suffirait pas qu'elle ait rapproché la loi de l'individu si, par un effet complémentaire, elle n'avait pas en même temps rapproché l'individu de la loi, rendu l'individu plus assimilable à la loi, plus respectueux de ses prescriptions. Lorsque la législation reflète les idées de tous, l'individu ira-t-il, pour ainsi dire à sa rencontre, et la réconciliation s'opèrera-t-elle pratiquement dans le réel ?

La Discipline Sociale

Nous avons déjà recherché l'origine de la loi et de la peine, lorsqu'il s'agissait de comprendre le mécanisme de l'action criminelle.

On n'agit pas seul ; qu'on veuille étendre le bras, penser, rêver, on sort de soi-même ; on combine sa personnalité avec le monde extérieur, et comme on associe des natures différentes, on n'agit pas sans tenir compte des lois qui régissent le milieu de déploiement.

Lorsqu'on agit dans le monde physique chacun se fait peu à peu son apprentissage, et à part, quelques cas exceptionnels de folie ou de suicide, chacun respecte les lois physiques essentielles. Elles sont proches, leur effet est immédiat, leurs réactions certaines ; ceux qui tentent d'y échapper ne peuvent le faire qu'en utilisant d'autres lois du même ordre, ce qui est une autre façon de respecter encore les lois du monde physique. Ces lois sont d'ailleurs uniformes, invariables, et on ne pèche guère contre elles que par ignorance.

Pour agir dans le monde social, il faut, tout en respectant les lois physiques, tenir compte de facteurs nouveaux.

Les lois sociales seront d'autant mieux comprises qu'elles émaneront d'un groupe plus restreint. Le nouveau-né accomplit tout de suite les fonctions immédiatement nécessaires à sa vie, puis par accommodation progressive, il prend possession du monde extérieur en commençant par les objets les plus proches, son monde s'élargit à chaque instant en une spirale indéfinie.

De même quelques personnes qui s'associent pour se

distraire, pour excursionner, pour jouer ou pour travailler, comprennent sans peine la nécessité d'un règlement, d'une cotisation, de la régularité, en un mot, d'une discipline. Ils ont compris l'impossibilité d'agir seuls, ils se sont donc associés volontairement, et c'est consciemment aussi qu'ils ont établi de concert les conditions de vie de leur groupement.

La vue de la règle nécessaire sera d'autant plus nette que l'association sera plus restreinte et son but plus précis.

Si le but du groupement est simple, l'esprit de l'associé saisira facilement tous les éléments de la formule légale : voyant le but, il verra les moyens.

D'ailleurs, le grand avantage de la petite association est qu'elle est ouverte à tous au lieu d'être le résultat de conditions indépendantes des volontés individuelles. Chacun prend place volontairement dans l'association finaliste, selon ses aptitudes et sa formation. Il en résulte d'abord que chaque membre a une prédisposition à bien comprendre les lois d'une société qui est faite pour lui parce qu'il était fait pour elle.

Si je me fais inscrire dans une association de peinture, c'est parce que je me sens des dispositions natives ou acquises pour en faire partie. Je serais donc mieux préparé que d'autres à en comprendre le règlement dans son esprit comme dans sa lettre ; et si je me suis trompé sur mes propres dispositions, j'apporterai, en tout cas, une bonne volonté complète dans l'accomplissement des règles établies. Étant entré librement, pouvant sortir librement, ce serait folie pure que de résister à une loi qu'il dépend en partie de moi de faire modifier, qu'il dépend absolument de moi de supprimer de ma vie.

Ainsi, entré librement dans une association dont je puis voir clairement le but, associé volontaire parce que ma nature m'y poussait ou que mes désirs m'attiraient vers elle, j'obéis en comprenant pourquoi j'obéis. Cependant l'habitude produisant son effet ordinaire, j'agis bientôt sans conserver la conscience présente et permanente de mes raisons d'agir.

Lorsque l'enfant, après quelques expériences douloureuses, sait qu'il faut éviter trous et fossés, son esprit commence par se rappeler les enseignements qu'on lui a donnés, dont il a fait l'épreuve; si je m'avance, je tomberai parce que mon corps est attiré vers la terre. Mais bien vite l'accoutumance se fait, la marche se discipline et la loi de la pesanteur est observée à tout instant sans qu'on y pense.

Il en est un peu ainsi en matière sociale. Ici il ne s'agit plus, il est vrai, d'une adaptation forcée à un milieu inévitable et nécessaire ; l'associé prend place dans une association qu'il choisit, avec la claire conscience de son but et des moyens qu'elle emploie. Pendant la période d'initiation, le nouveau venu cherchera à comprendre, et comprendra. Il devra nécessairement avoir devant l'esprit les raisons de la règle qu'il a choisie ; mais peu à peu, par l'action, la règle passera dans ses membres et un jour viendra où elle fera partie intégrante de sa personne.

Or, si nous ne perdons pas de vue que chaque personne, de plus en plus appartient à un plus grand nombre d'associations finalistes, nous verrons que, par ces enrichissements successifs, chacune deviendra de plus en plus souple et plus apte à comprendre et à s'assimiler. En faisant l'éducation de chaque tendance, de chaque aptitude réelle ou imaginaire, il faut voir qu'on fait l'éducation même de la personne. En inoculant en détail des disciplines partielles, on crée le sens général de la discipline, et il est bien certain qu'ayant commencé par la partie on aboutit au tout. Et le jour où une association plus vaste, telle que la nation, synthèse suprême des petites associations, imposera des règles pénales, outre que ces règles seront plus conformes à la vérité sociale et par conséquent plus assimilables par chaque unité sociale, un sens plus vivant de la discipline nécessaire suppléera pour chaque citoyen à la moindre conscience des raisons de la loi pénale, et le respect des lois établies deviendra plus général, étant devenu plus facile et plus spontané.

CHAPITRE IV

L'IMITATION SOCIALE

Outre que les associations finalistes donnent aux associés, par leur multiplicité et leur entrecroisement, l'habitude et le goût de la discipline sociale, elles produisent le résultat plus précis d'inoculer l'habitude et le goût du respect pratique de la loi pénale pour elle-même.

Tarde dans *Les lois de l'Imitation* fournit une explication sociologique de l'évolution dont les deux termes, invention et imitation, pris tout seuls, seraient peut-être insuffisants, quoique, dans le domaine de l'abstraction, on puisse toujours faire rentrer ce qu'on veut dans les cadres que l'on veut. Il n'en a pas moins rendu compte d'un phénomène social de premier ordre : l'imitation.

« Les vraies causes des phénomènes historiques se « résolvent en une chaîne d'idées très nombreuses, à la « vérité, mais distinctes et discontinues, bien que réunies « entre elles par les actes d'imitation, beaucoup plus « nombreux encore, qui les ont pour modèles. Il faut « partir de là, c'est-à-dire d'idées rénovatrices qui, appor- « tant au monde à la fois des besoins nouveaux et de « nouvelles satisfactions, s'y propagent ensuite ou tendent « à s'y propager par imitation forcée ou spontanée, élec- « tive ou inconsciente plus ou moins rapidement, mais « d'un pas régulier, à la façon d'une onde lumineuse ou

« d'une famille de termites... Tout n'est socialement « qu'inventions et imitations, et celles-ci sont les fleuves « dont celles-là sont les montagnes. » (Tarde, *Les lois de l'Imitation*, p. 2).

Et plus loin : « Toutes les similitudes d'origine sociale, « qui se remarquent dans le monde social, sont le fruit « direct ou indirect de l'imitation sous toutes ses formes, « imitation-coutume ou imitation-mode, imitation-sym- « pathie ou imitation-obéissance, imitation-instruction « ou imitation-éducation, imitation-naïve ou imitation- « réfléchie. » (*Ibid.*, p. 15).

Plus nettement encore : « De même qu'un homme ne « regarde, n'écoute, ne marche, ne se tient debout, n'écrit, « ne joue de la flûte, et qui plus est n'invente et n'ima- « gine qu'en vertu de souvenirs musculaires multiples et « coordonnés, de même la société ne saurait vivre, faire « un pas en avant, se modifier sans un trésor de routine, « de singerie et de moutonnerie insondable, incessam- « ment accru par les générations successives... N'avoir « que des idées suggérées et les croire spontanées : telle « est l'illusion propre au somnambule, et aussi bien à « l'homme social. » (*Ibid.*, p. 86).

Sous une autre forme : « Considérée sous n'importe quel « aspect, la vie sociale en se prolongeant, aboutit fatale- « ment à la formation d'une étiquette, c'est-à-dire au « triomphe le plus complet du conformisme sur la fan- « taisie individuelle. » (*Ibid.*, p. 214).

L'imitation sous toutes ses formes est certainement un des résultats de la vie sociale. Vouloir tout expliquer par elle serait méconnaître l'immensité et la complexité du réel ; mais l'imitation est un phénomène social de premier ordre, qui produit des effets généraux et particuliers. Il n'explique pas tout, mais il explique quelque chose.

Il faut prende garde à la forme nouvelle que l'imitation sociale revêt aujourd'hui.

Autrefois, sous le régime de l'association mécanique, totale et absorbante, il y avait un sommet et une base qui l'étaient absolument ; la hiérarchie sociale était complète et sans réserve. On était en haut ou en bas, et on l'était de toute sa personne, aussi l'imitation montait surtout de bas en haut, la réciprocité était faible.

« Le principal rôle d'une noblesse, sa marque distinc-
« tive, c'est son caractère initiateur sinon inventif. L'in-
« vention peut partir des plus bas rangs du peuple, mais
« pour la répandre, il faut une cîme sociale en haut
« relief, sorte de château d'eau social, d'où la cascade
« continue de l'imitation doit descendre. De tout temps
« et en tous pays le corps aristocratique a été ouvert aux
« nouveautés étrangères et prompt à les importer ; de
« même qu'un état-major est la partie d'une armée la
« mieux informée des innovations militaires essayées au
« dehors, la plus apte à les adopter avec intelligence et
« rend par là autant de services que par la discipline
« dont il est l'âme. Aussi longtemps que dure la vitalité
« d'une noblesse, elle se reconnaît à ce signe ; et quand à
« l'inverse elle se replie sur les traditions, s'y rattache
« jalousement, les défend contre les entraînements d'un
« peuple jadis initié par elle aux changements, si utile
« qu'elle puisse être encore dans ce rôle modérateur

« complémentaire du premier, on peut dire que sa « grande œuvre est faite et son déclin avancé. » (Tarde, *Les Lois de l'Imitation*, p. 248).

Ainsi, sous l'ancienne organisation, l'inférieur imitait le supérieur, les innovations venaient du sommet et, par l'imitation de couches à couches descendaient jusqu'au bas. Il ne faudrait pourtant pas admettre sans réserve cette loi qui, dans une certaine mesure, comportait la réciprocité.

Tarde lui-même l'a reconnu :

« Même dans le cas où l'action des lois logiques n'inter- « vient pas, ce n'est pas seulement le supérieur qui se « fait imiter par l'inférieur, le praticien par le plébéien, le « noble par le roturier, le clerc par le laïc, plus tard le « Parisien par le provincial, l'homme des villes par le « paysan, etc. ; c'est encore l'inférieur qui, dans une « certaine mesure bien moindre, il est vrai, est copié ou « tend à être copié par le supérieur. Quand deux hommes « sont en présence et en contact prolongé, si haut que « soit l'un et si bas que soit l'autre, ils finissent par « s'imiter réciproquement, mais l'un beaucoup plus, « l'autre beaucoup moins. Le corps le plus froid envoie « sa chaleur au corps le plus chaud. Le gentilhomme « campagnard le plus hautain ne peut s'empêcher de « ressembler un peu par l'accent, les manières, la tournure « d'esprit, à ses domestiques et à ses métayers. » (Tarde, *Les Lois de l'Imitation*. p. 241).

L'imitation est toujours en partie réciproque, et il n'est pas de société si hiérarchisée et de hiérarchie si fermée qu'elles ne laissent l'inférieur réagir un peu sur le supérieur en lui imposant une part d'imitation.

Mais, il importe que jusqu'à présent « en sociologie le « rayonnement des exemples de haut en bas est le seul « fait qu'il importe à considérer, à raison du nivellement « général qu'il tend à produire dans le monde humain. »

Peu à peu, les hiérarchies s'atténuent en se singularisant ; il n'y a plus d'autorité s'appliquant à tout, « on veut « pouvoir commander sous certains rapports à ceux « mêmes auxquels on obéit sous d'autres rapports, et « réciproquement, ou pouvoir commander un temps à « ceux auxquels on a obéi ou on obéira en *un autre temps.* » (*Ibid.*, p. 407).

Comment s'est faite la transition ?

« Quand, à l'aristocratie fondée sur le lien vital de filia- « tion réel ou fictif, s'est substituée une aristocratie toute « sociale dans ses causes, recrutée par élection spontanée, « le prestige s'attache à l'aspect spécial sous lequel l'hom- « me mis en relief est aperçu. On l'imite sous ce rapport, « abstration faite de tous les autres. Il n'y a plus « d'homme que l'on imite en tout, et celui que l'on imite le « plus est lui-même imitateur à certains égards de quel- « ques-uns de ses copistes. L'imitation de la sorte s'est « donc mutualisée et spécialisée en se généralisant. » (*Ibid.*, p. 258).

« Il est certain que de siècle en siècle, par des agrandis- « sements non pas continus mais intermittents, le public « moral comme le public artistique n'a cessé de s'étendre, « j'entends par là que le groupe des personnes envers « lesquelles l'individu agissant se reconnaît des devoirs « et dont l'opinion influe sur sa moralité de même que le « cercle des personnes pour lesquelles l'artiste travaille et

« dont le jugement compte à ses yeux, a été en s'élar-
« gissant. « Élargissement double », en surface par le « recul incessant des frontières, « et, en profondeur par « l'abaissement des barrières qui séparaient les classes et « limitaient à chacune d'elles l'horizon du devoir et du « goût. » (*Ibid.*, p. 387).

En résumé, l'imitation était surtout limitée aux membres d'une même société : l'association finaliste la fait circuler à travers ses formes diverses. L'imitation descendait surtout du supérieur à l'inférieur : l'association finaliste la rend parfaitement réciproque.

Lorsque j'entre dans un groupe littéraire ou artistique dans une société de lecture, j'apporte mes goûts, ma façon de concevoir, les hommes et les choses, la vie, la pénalité. Mais j'y rencontre tous les points de vue différents du mien. Si ma conception personnelle est isolée elle aura vite fait de céder, sous la poussée des idées des autres. Inconsciemment, l'inévitable imitation jouera son rôle, et, peu à peu, par les contacts divers procurés par l'association finaliste, mon esprit se laissera dominer par celui des autres. C'était le supérieur qui se faisait imiter par l'inférieur, aujourd'hui c'est le nombre qui fait loi.

D'après Tocqueville, « à mesure que les citoyens « deviennent plus égaux et plus semblables, le penchant « de chacun à croire aveuglément un certain homme ou » une certaine classe diminue. La disposition à en croire « la masse augmente, et c'est de plus en plus l'opinion « qui mène le monde. »

« Dans les temps d'égalité », dit il encore, « les hommes

« n'ont aucune foi les uns dans les autres à cause de leur « similitude; mais cette même similitude leur donne une « confiance presque illimitée dans le jugement du public ; « car il ne paraît pas vraisemblable qu'ayant tous des « lumières pareilles, la vérité ne se rencontre pas du côté « du plus grand nombre. »

Nous avons vu que le développement de l'association finaliste était une cause permanente d'enrichissement pour la législation ; le législateur est sollicité si impérieusement qu'il est obligé de faire de la loi pénale l'exact et complet reflet des mœurs de son temps. Cependant, il ne peut le faire que dans la mesure où les tendances diverses ne s'excluent pas. S'il y a des aspirations contradictoires, force lui sera bien de restreindre, d'atténuer d'un côté pour combiner équitablement et aboutir à un *modus vivendi* acceptable pour tous. Prenons si l'on veut la loi sur les menées anarchistes. Lorsqu'elle a été votée, il y avait des partisans et des adversaires. Supposons qu'elle ait été élaborée avec une justice parfaite et avec le sincère désir d'en faire l'image fidèle de l'opinion publique.

Lorsqu'elle est promulguée, que vont devenir les adversaires de la mesure ? S'ils sont isolés, leur opposition, se fortifiant dans la contradiction, deviendra farouche. Mais si chacun fait partie d'un nombre plus ou moins grand d'associations, chacun se trouvera mêlé, à tout instant et à propos de tout, à la majorité qui a donné naissance à la mesure. L'anarchiste qui fait partie d'une société de peinture ainsi que d'un groupe d'excursionnistes, d'un club d'automobilistes, d'un syndicat d'employés de chemin de fer, est en contact permanent avec des partisans de la loi. Autrefois, il y aurait eu un fossé infranchissable. Aujourd'hui, le même homme se découvre une infinité de points de contat avec ceux qui, sur un point déterminé, ne pensent pas comme lui. Autrefois, l'imitation n'aurait pu procéder que comme un bloc voulant pénétrer un autre bloc et le brisant ; aujourd'hui, l'association finaliste. détaillant la loi comme elle détaille l'individu, fait pénétrer celle-là dans celui-ci par mille canaux divers.

C'est ainsi que, l'imitation s'exerçant sur le même homme à propos de tout, finit par lui imposer ce qu'il rejetait. Et il ne s'agit pas ici d'une contagion d'idées. Ce serait vraiment peu de chose et nous n'avons pu nous y intéresser que dans la mesure où nous y avons vu un signe manifeste de la contagion des actes.

Il ne faut pas oublier que l'idée seule ne franchirait jamais la zone législative sans l'acte qui la réalise.

C'est l'action qui force les portes de la législation et impose l'idée.

Mais l'œuvre législative serait vaine si elle se bornait à répandre l'idée sans propager les actes.

A vrai dire, ce sont les mœurs, beaucoup plus que les idées, qui font les lois, et, lorsqu'une loi est promulguée, elle doit être le reflet des actes du grand nombre autant que de leur pensée; elle l'est et le devient tous les jours de plus en plus. Chaque association finaliste est composée de gens qui, pour la plupart, agissent déjà conformément à la loi nouvelle. L'imitation agissant sur les actes comme sur les idées, la minorité réfractaire sera bientôt submergée et obligée de céder au courant.

CHAPITRE V

LA SYMPATHIE SOCIALE

De l'idée nous sommes arrivés à l'action; il nous reste à démêler, dans l'acte, l'élément spécial qui sera le lien définitif et la base nécessaire de la moralité sociale. Lorsque, faisant partie d'un groupe professionnel, je me rends aux réunions du groupe, j'y vais, c'est entendu, en qualité de professionnel ; si je suis professeur, j'y vais comme professeur pour rencontrer des professeurs; si je veux faire du sport, j'irai dans un autre groupe, si je veux faire de l'escrime, j'irai à la société d'escrime. Et pourtant venu comme professeur pour rencontrer des professeurs, c'est toute ma personne, dans son indissolubilité de fait, que j'apporte au groupe. Ma qualité professionnelle peut être détachée abstraitement, mais dans le réel elle est intimement liée à tout le reste; je viens aux réunions corps et âme, avec mon intelligence, ma volonté, et mon cœur.

J'y rencontre des camarades et, invinciblement, la communauté d'intérêts éveille la sympathie, tout élan du cœur étant au fond un trait d'union entre deux ressemblances. On aime ses parents pour la communauté du sang, ses compatriotes pour la communauté du sol et des souvenirs, ses coreligionnaires pour la communauté des croyances. On peut aimer ses adversaires même, mais pour une ressemblance encore, ne serait-ce que celle de la méthode dans la lutte,

Ainsi, dans chaque association, où j'apporte ma personne, j'apporte un peu de mon cœur à mes co-associés ; mais si mon intelligence, faculté d'abstraction et de discrimination, peut distinguer dans la personne de mon co-associé, mon cœur ne le pourra pas.

La raison dissocie ce que le cœur unit. Comprendre quelqu'un, c'est le décomposer en ses éléments, après s'être distingué de lui. Aimer quelqu'un, c'est au contraire aller à lui, à sa personne, en cherchant ce qui unit et en écartant ce qui divise.

Au sein d'une association dont tous les membres se ressemblent sur un point, la sympathie trouve un chemin par où l'union des actes peut s'ébaucher.

Commencée ainsi, elle ne peut manquer de se développer. Dans les autres groupements dont je fais partie, je vais rencontrer encore des co-associés chez qui le fait législatif sera l'expression des aspirations intimes. Si bien que chez la plupart de ceux qui me ressemblent partiellement, ma sympathie va rencontrer la même réalité législative comprise, aimée et joyeusement acceptée.

Il est inévitable que, peu à peu, cette sympathie sociale détermine invinciblement la conformité sociale.

Autrefois les cadres fermés de l'association empêchaient la sympathie de se faire jour,

En temps de guerre, les belligérants se refusent à considérer les points de contact et de ressemblance qui pourraient favoriser les rapprochements ; tout est haïssable chez un ennemi.

Il en est de même entre castes, entre sectes. La ressemblance est étouffée dans son germe par l'étroitesse et l'absolutisme de la discipline particulière; au lieu que, dans l'association finaliste, la dissemblance finit par être étouffée sous les innombrables ressemblances en quelque sorte organisées qui sont pour chacun comme un inextricable et impérieux réseau de sympathie.

Nous n'oublions pas que la sympathie comme l'imitation est mutuelle, et que l'adversaire de la loi pénale provoquera aussi la sympathie du partisan. Mais le développement de l'association finaliste nous a fait sortir du cercle vicieux.

Quoique la sympathie soit mutuelle, la sympathie qui va du plus petit nombre au plus grand sera, en somme, comme l'imitation, la vraie déterminante des idées et des actes.

» Le corps le plus froid, écrit Tarde, envoie sa chaleur « au corps le plus chaud... Il n'en est pas moins vrai « qu'en somme l'échauffement considérable du corps « froid par le corps chaud, non l'échauffement insigni- « fiant du corps chaud par le corps froid, est le fait « capital en physique, où il explique la tendance finale « de l'Univers à un équilibre éternel de température; et, « de même en sociologie, le rayonnement des exemples « de haut en bas est le seul fait qu'il importe de consi- « dérer, à raison du nivellement général qu'il tend à pro- « duire dans le monde humain. » (Tarde, *Les Lois de l'Imitation*, p. 241).

« De haut en bas », qu'est-ce à dire ? Sinon qu'au point de vue du déterminisme social comme des autres, le supérieur détermine l'inférieur ; dans nos sociétés modernes, où la majorité fait loi, c'est bien le grand nombre qui, attirant les actes, attirera avec eux les esprits et les cœurs.

Et comme la loi pénale devient l'expression de plus en plus fidèle de la masse, cette masse, devenue ainsi plus homogène, ne saurait manquer d'être, pour l'œuvre législative, un permanent et irrésistible agent de soumission.

Un grand point est acquis. L'action criminelle pouvait présenter deux caractères : désobéissance à la loi pénale établie, elle pouvait être en avance ou en retard sur l'évolution de celle-ci.

Le criminel retardataire était celui qui, voyant le bien, faisait le mal, tout au moins connaissant la loi cherchait à y contrevenir en échappant à la vigilance de ceux qui l'appliquaient.

Le fait législatif étant la fixation de la moyenne pénale d'un temps, la première œuvre à essayer était d'attirer ces criminels à une compréhension plus moderne, à une pratique plus actuelle des nécessités légales.

Pour cette œuvre de première nécessité, on ne pouvait pas compter sur un procédé intellectualiste. Il ne suffit pas de combattre une idée par une autre idée, encore moins un fait par une vue de l'esprit.

Le criminel qui, pour justifier de bas instincts, appelle à leur secours la raison de l'homme des cavernes, ne cèderait pas devant une théorie bien présentée, quand la vie même qui l'entoure avec toute sa raison implicite n'a pas su le fléchir.

Et pourtant l'œuvre est impérieuse, indispensable. Le désordre et la mort suivent toujours un déséquilibre trop fondamental. Si le monde a avancé, « tout le passé est présent dans le présent », mais il faut aussi que l'heure présente, avec tout ce qu'elle a produit de caractéristique, soit présente à tous et contribue à l'équilibre des actes. Pour cela il fallait relier, d'une façon permanente l'individu à son milieu, l'unité à la collectivité, par la chaîne ininterrompue des associations intermédiaires.

Natura non facit saltus. L'individualisme était une folie contre nature ; si le crime est essentiellement une rupture d'équilibre entre l'individuel et le social, rétablissons entre ces deux termes les liens qui, en faisant revivre constamment entre eux une circulation nécessaire, les feront rentrer simplement dans l'ordre de la nature.

De cette façon l'harmonie, renaissant dans les actes, fera par eux la conquête des esprits.

Ce n'est pas seulement un désir que nous exprimons, c'est aussi, nous l'avons vu, une réalité qui se développe chaque jour.

La nation moderne s'organise. Le mouvement syndicaliste, la tendance, manifestée à diverses reprises, vers la création d'un Sénat professionnel, l'organisation pratique des compétences, sont autant de manifestations intéressantes à observer et à aider.

Et cela dans tous les milieux, sans acception de personnes ou de partis. Que ce soient les jaunes ou les rouges. les Universités populaires laïques ou les Congrès de catholiques sociaux, les royalistes scientifiques ou le « Sillon », partout une forte analyse sociale, fondée sur les capacités et les valeurs, succède aux synthèses abstraites qui devenaient, trop souvent, des instruments entre des mains plus ou moins habiles ou intéressées.

Autrefois, quand, pour un but mal défini, des personnalités groupées au hasard confiaient la souveraineté à un chef héréditaire ou élu, elles s'aliénaient entre ses mains, parce qu'elles ignoraient où elles allaient.

Aujourd'hui parce que les associations sont formées en vue d'un but précis et limité, chacun voit mieux l'œuvre à faire, les qualités requises pour la mener à bien et les personnalités capables de la diriger. Le chef peut plus difficilement abuser de son pouvoir quand la limite de ce pouvoir apparaît clairement à tous les subordonnés volontaires et eux-mêmes choisis et groupés par des qualités spéciales. Ainsi plus de raison pénètre dans les rouages sociaux, mais une raison qui respecte davantage la réalité en l'organisant, au lieu d'y semer le désordre et le crime en voulant se la subordonner.

CHAPITRE VI

LE CRIME SUPÉRIEUR

Il n'y a pas que le poison qui provoque la mort. On meurt pour avoir absorbé un toxique qui apporte brutalement le désordre dans l'économie physiologique; mais on meurt aussi d'inanition, et le malheureux qui, à peine échappé au danger d'un empoisonnement, croirait se mettre à l'abri de tout péril en s'abstenant de manger quoi que ce soit, tomberait dans un autre excès qui le mènerait, plus lentement peut-être, mais tout aussi sûrement, à la cessation de la vie.

L'indifférence n'existe pas dans le réel ; dans le monde des vivants, qui n'avance pas recule.

La vie est dans le mouvement, et le mouvement c'est le « passé qui ronge l'avenir » et l'attire à lui pour son perpétuel perfectionnement.

Autour de nous tout marche, tout se transforme pour s'augmenter ou augmenter quelque chose, et le jour où nous ne pouvons plus progresser nous-mêmes, nous cessons d'exister pour contribuer à l'enrichissement des autres.

On ne saurait imaginer un monde où l'équilibre serait parfait entre des forces se balançant harmonieusement sous une forme définitive.

L'harmonie à obtenir n'est donc pas tant celle des états successifs que celle des forces qui assurent perpétuellement les transitions.

Lorsque j'ai acquis une qualité, je ne dois pas m'arrêter pour me complaire en elle. La répétition de certains actes utiles me l'a donnée, et je possède une qualité le jour où l'habitude m'a rendu facile l'accomplissement ordinaire de ces actes.

Mais, je suis loin d'être parfait ; et si je m'arrête, je vais subordonner l'immense chemin qu'il me reste à parcourir à la pauvre étape que j'ai fournie ; j'aurai la prétention folle de régler l'avenir sur le présent, le plus sur le moins. Aussi, peu à peu, regardant en arrière au lieu de regarder en avant, je rebrousserai chemin, écrasé par cet immense avenir que je refuse de voir.

Il faut donc avancer pour ne pas reculer. Mais comment avancer ?

Si l'association finaliste se substitue aux anciennes, nous aurons une multitude d'associations qui représenteront l'ensemble des idées, des sentiments, des désirs, des arts, des sciences, des aspirations, des tendances autrefois épars dans chaque groupement général. Tout sera organisé, enrégimenté, réglementé, et discipliné sous l'égide du groupe supérieur.

Rappelons-nous les paroles d'un homme d'état républicain : « Au-dessus des individus le groupement, mais « au-dessus encore, seule garantie des individus et des « groupements, l'association générale de tous les citoyens « dans la nation. »

Tel est donc le rêve des gouvernements, monarchiques et républicains.

« Toutes les espèces de groupements ; à la fois com« pacts et exclusifs qui découpent une Société en masses « nettement distinctes seront les ennemis-nés des pou« voirs centraux. » (Bouglé, *Les idées égalitaires*, p. 235).

Ce qu'il faut aux États, c'est la multitude des associations ouvertes à but limité, dont les prétentions modestes soient conciliables avec la souveraineté nationale.

L'État sera aussi large, aussi accueillant que l'on voudra, mais il a la prétention de tout contenir et de tout dominer. Or, ne voit-on pas qu'à ne supporter, à ne tolérer que les associations finalistes, un état se voue à la stérilité ? Le jour où le finalisme serait complet, absolu, ne serait ce pas un arrêt, précurseur de la fin ?

En effet, les associations de cette nature, parce qu'elles sont constituées pour des buts déterminés, précis, limités, paraissent incapables de promouvoir vraiment, par elles-mêmes, le progrès humain.

Autrement dit, l'association finaliste est essentiellement faite pour légaliser le présent, et réaliser le légal, mais rien de plus. Par elle, nous l'avons vu, les réalités sociales se précisent, se fortifient, et peu à peu s'imposent au législateur, et inversement la réalité législative, ainsi complétée et parachevée, atteint chaque individu, se propage insensiblement, s'inocule lentement et sûrement dans la masse pour qui elle est faite.

Si bien qu'à les considérer toutes seules et si l'on pouvait croire qu'elles soient jamais suffisantes, il faudrait affirmer qu'un jour naîtra l'âge d'or où la loi ressemblant de plus en plus à l'individu et l'individu reflétant de plus en plus la loi, l'action criminelle disparaîtrait totalement.

En réalité, en peut-il bien être ainsi ?

Comme nous le disions plus haut, à mesure que le bien devient inconscient, il appelle et crée des devoirs nouveaux. Le jour où une qualité paraît faire définitivement partie de nous-mêmes, il faut veiller à nous acheminer sans tarder vers une conquête nouvelle, parce que la vie est faite à la fois de possession et de conquête, de conservation et de progrès, et parce qu'enfin la vie est dans le mouvement, et que l'immobilité, c'est la mort. Regardons ce qui se passe pour chacun de nous. Toutes nos qualités sont des expressions plus ou moins parfaites de nos rapports avec le monde extérieur. La bonté, la charité... sont les vertus qui nous poussent à donner aux autres un peu de nous-mêmes, un peu de ce que nous avons. La loyauté, la droiture, la franchise proviennent de notre habitude de donner aux autres la vérité. La modestie, l'humilité nous font placer nos mérites après ceux des autres dans l'intérêt des autres. Dès que nous cessons de penser au bien des autres pour ne penser qu'au nôtre, toutes les vertus se transforment en vices, toutes les qualités en défauts. La bonté, la charité deviennent la méchanceté, l'avarice, ou l'indifférence. La loyauté, la droiture, la franchise deviennent la duplicité, le mensonge, la perfidie, la modestie, l'humilité deviennent la vanité, l'orgueil. Ne penser qu'à soi, se complaire en soi-même, se contenter de ce que l'on a ; refuser de s'enrichir, de se perfectionner, c'est se vouer à la stérilité, pis que cela, c'est se vouer à la perte certaine de tout ce que l'on a acquis, parce que toutes ces qualités étaient des qualités d'action qui doivent forcément s'anéantir peu à peu dans l'inaction.

De même que l'individu ne peut vivre qu'en se développant et ne peut se développer qu'en se donnant, de même une association ne peut remplir sa mission qu'en sortant d'elle-même, en allant à ce qui n'est pas encore en elle, pour lui emprunter un surcroît de force. Nous avons vu comment l'individu puisait cette force nouvelle dans l'association finaliste, et comment chacune de celles-ci trouvait dans les autres un aliment toujours nouveau pour son propre développement.

D'étape en étape, nous arrivons ainsi à l'État, organisateur de la loi pénale. Il semble maintenant le point d'aboutissement de tout, et le point de départ de tout.

Avons-nous tout expliqué? et ne sentons-nous pas qu'il reste à notre observation un immense champ à parcourir? Chaque individu est unique en son genre, chacun est spécial, et pourtant aucune borne n'est jamais assignable à son développement.

Chaque nation est spéciale aussi, chacune a sa physionomie, aussi chacune a ses richesses acquises, ses qualités traditionnelles, sa force propre, chacune, prise à un moment de son histoire, a ses lois à elle, son échelle distinctes des peines, et pourtant toutes sont obligées, pour vivre, de poursuivre leur marche en avant.

Dans chacune d'elles l'association finaliste représente comme un équitable répartiteur des biens acquis ; tandis qu'autrefois la richesse morale d'un pays se trouvait accumulée entre quelques mains, jalousement réservée, par une singulière et antinomique transposition de la loi du plus fort, à ceux qui avaient eu la force de s'imposer, de plus en plus, par l'effet du mécanisme nouveau, l'action criminelle qui n'était pas en haut tend à diminuer en bas.

Mais, que deviendrait la vie sociale, que deviendrait la moralité sociale de la nation si, comme l'individu isolé d'autrefois, la nation, se repliant sur elle-même, se contentait de ce qu'elle a, sans voir au delà de son capital présent ?

L'individu avait des organes parfaitement adaptés : il semblait qu'il pouvait s'en contenter, et que la vie devait perpétuellement circuler à travers une machine si bien faite. Et pourtant, il doit à toutes les secondes solliciter, pour vivre, des concours étrangers, ne fût-ce que l'air qu'il respire. La nation, quelque étendue qu'on la suppose, n'échappe pas à cette loi de la vie. Elle peut être plus ou moins bien constituée, avoir des organes plus ou moins solides, des nerfs et des muscles plus ou moins résistants. D'heureux symptômes nous font croire que sa constitution devient meilleure ; mais elle ne pourra continuer à vivre, autrement dit, l'amélioratiou ne sera profonde et organique que si, après avoir réglé les rapport des organes entre eux, le législateur se préoccupe aussi de ce qui, dans la nation, la relie à ce qui est hors d'elle et d'où elle pourra retirer un surcroît de vie.

C'est l'éternelle illusion des États de se défier invinciblement de tous les groupements dépassant la toise qu'ils ont bien voulu établir et qu'ils prétendent dominer toujours. Repoussant les présents d'Artaxerxès, ils ont en eux des sources de richesses qu'ils ont préféré combattre, au lieu d'accepter leur concours pour leur propre bien. A côté des associations finalistes, qui groupent les individus pour des buts précis, prochains, déterminés, subordonnés à la nation, il y en a d'autres, anciennes ou nouvelles, qui groupent les individus pour un but indéterminé, lointain, général, dépassant les frontières nationales : ce sont celles qui, s'adressant à l'homme tout entier, sont, par la force des choses et par définition, faites pour tous les hommes.

On a pu dire qu'il y a dans la nation à la fois beaucoup plus et beaucoup moins que dans l'individu, beaucoup plus, parce que la nation contient des richesses qui lui viennent de tous ceux qui la constituent et dans lesquelles chacun peut puiser ; beaucoup moins, parce que chaque individu est un tout original fait des apports de tout l'univers. La nation dépasse l'individu, mais en un sens aussi, celui-ci dépasse de beaucoup la nation.

Pour régler la vie individuelle, la nation sera toujours trop étroite ; pour pénétrer dans le détail des exigences de la vie morale, il n'y a pas de groupement inclus dans des limites territoriales quelconques qui puisse suffire. Il faut délibérément franchir ce cercle despotique.

En réalité, le besoin en est tellement absolu qu'aucun État ne s'en est totalement affranchi. Historiquement, nous verrons presque toujours une religion privilégiée installée dans les conseils de l'État. Ses rapports avec le pouvoir national seront divers selon les époques, selon les milieux, selon les hommes. Tyrannique ou libérale, officielle ou officieuse, religion d'État ou irréligion d'État, autoritaire ou persuasive, ritualisme ou scepticisme officiel, il y a toujours et partout une règle officielle de vie qui, dépassant le rôle normal de l'État, vise à régir la vie morale des hommes dans sa dernière intimité.

Et qu'on ne s'y trompe pas. Dans les religions les plus nationales, dans les cultes les plus strictement réservés aux hommes d'une caste ou d'un sol, il y a l'empreinte de l'universel, parce que, si les préceptes ne sont pas faits pour tous, ils sont faits pour le tout de chaque citoyen, pour ce suprême fonds humain qui, en dernière analyse et qu'on le veuille ou non, rattache chacun de nous au reste de l'univers. La religion enfante l'irréligion, l'affirmation enfante la négation. Mais ici encore naissent des doctrines qui, pour être négatives, n'en pénètrent pas moins le tréfonds humain avec un ensemble complet de principes applicables à tout le détail de la vie.

Et il est si vrai que ces associations sont faites pour dominer la part de l'universel renfermée en nous-mêmes, il est si vrai qu'elles débordent la nation et la dominent, que l'histoire est jalonnée par les martyrs de toutes sortes: martyrs chrétiens, martyrs de la libre-pensée, martyrs de la révolution sociale ou de l'anarchie, faisant tous passer leur devoir d'hommes avant leurs devoirs de sujets ou de citoyens.

Nous avons dit que les États se sont défiés toujours de ces associations, plus grandes qu'eux, parce qu'ils avaient peur de leur prestige et de leur domination. Et de fait, ils ne pouvaient lutter à armes égales. Aussi, pour se maintenir, un sûr instinct les avertissait-il toujours qu'il fallait combattre le même par le même, en consolidant leur propre autorité par l'une de ces mêmes doctrines totales.

C'est l'histoire de ces religions nationales forcément provisoires, parce qu'elles étaient destinées à subir les vicissitudes du corps fermé d'où leur venait l'investiture. C'est l'histoire même des religions universelles ou des maçonneries internationales, lorsque les États ont voulu s'en faire des instruments et les faire servir à leurs fins limitées. Ceci n'était pas fait pour cela, et un jour est venu immanquablement où les cadres violemment brisés ont laissé passer l'ennemi d'hier, devenu l'auxiliaire et le sauveur. En réalité, il faut le comprendre, l'État ne peut pas et ne doit pas tout faire. Il a un rôle spécial à jouer, mais il n'est après tout qu'un échelon, et s'il veut vivre en progressant, il ne saurait se travestir en prophète et viser à décider quoi que ce soit au delà de sa compétence.

Ce sont les grandes associations qui, dépassant les réalités nationales, seront la source du vrai progrès et de la nécessaire évolution morale des peuples.

Lorsque l'équilibre sera obtenu dans les rouages intérieurs de la vie nationale, lorsque la loi et l'individu, en se rapprochant par la petite association, auront broyé entre eux l'action criminelle, il faudra voir au delà. La nation ne pourrait se contenter sans danger de cette mise en ordre d'elle-même ; elle mourrait d'inanition, si elle essayait d'ignorer tout ce qui est hors d'elle.

Une législation pénale, comme tout ce qui prétend vivre, ne saurait être statique. En supposant qu'elle parvienne à refléter parfaitement les réalités individuelles sur lesquelles elle repose, il faut qu'elle avance encore, et elle ne peut le faire qu'en s'adressant à ces vastes groupements qui, offrant un complet système de vie, seront indéfiniment pour elle une source d'enrichissement.

Comme nous le disions au début de cette étude, nous

ne prétendons pas reprendre en sous-œuvre, du point de vue d'une sociologie scientifique, les travaux de la criminologie théorique, ni apporter de nouveaux éléments aux études spéculatives. Un tel effort excèderait à la fois et notre compétence, et le cadre déterminé de ce travail. Dans une étude de philosophie pratique, il nous paraît plus logique d'appuyer notre dialectique sur les conclusions ordinaires de l'histoire générale.

Or, cette histoire nous dit que, lorsque le Christ se manifesta aux hommes en annonçant son évangile et en conformant ses actes à ses paroles, il choquait les lois de son temps qui le lui fit bien voir. Il fut condamné comme un malfaiteur, parce que sa vie troublait le vieil équilibre légal établi.

Mais sa doctrine avait été semée; elle germa malgré empereurs et proconsuls, et. peu à peu, par l'inévitable interpénétration sociale, les principes nouveaux apportés au monde pénétrèrent dans les mœurs et par elles dans la législation, dans la pénalité.

A la longue, tout le système pénal se trouva modifié; c'était la charité dont l'empreinte s'associait de plus en plus à celle de la justice brutale, pour atténuer les anciennes rigueurs; c'était une nouvelle divinité dont le règne recouvrait insensiblement celui du paganisme finissant. Supprimez purement et simplement l'influence du Christ et de sa doctrine, et le système pénal aurait dépéri peu à peu dans une mortelle stagnation.

Sans le Christ, sans les violations effectives de la loi pénale par ses disciples, la législation pénale eut continué à représenter, dans la vie sociale, le droit absolu de l'État sur ses membres, dans la vie de famille, le droit autoritaire et tyrannique de l'homme sur la femme.

Qu'on saisisse ici sur le fait, dans ce double caractère de la législation romaine antérieure à l'ère chrétienne, le danger des passivités indéfinies à l'ombre d'une législation définie. L'autorité sociale se constitue et se fortifie pour que tous profitent de sa force, et que les faibles se sentent, grâce à elle, plus forts. A mesure que les conquêtes romaines s'étendaient, il fallait que l'autorité centrale disposât de pouvoirs plus complets, parce que des Barbares étaient annexés à l'Empire et que Rome devait leur imposer le bénéfice de son expérience plusieurs fois séculaire. Certes, les citoyens romains attitrés jouissaient d'une situation privilégiée ; ils n'étaient plus des enfants, et pouvaient marcher tout seuls. Mais, sur le terrain des libertés politiques, les Brutus n'avaient-ils pas eu à défendre par le crime leurs droits menacés par les Césars, et ne fallait-il pas aussi du sang, c'est-à-dire la résistance effective des premiers chrétiens à l'autorité souveraine, pour sauver contre elle les libertés morales?

Et à mesure que les Barbares s'étaient assimilé la substance législative qui lui venait de Rome, ne leur fallait-il pas autre chose ?

L'autorité des Césars, excellente pour civiliser les Barbares retardataires, ne devenait-elle pas, pour la partie cultivée et élevée du corps social de l'Empire, une cause de retard et comme une entrave aux bonnes volontés en marche vers un idéal nouveau ?

Dans la famille, l'autorité absolue de l'homme sur la femme provenait de la supériorité incontestable qu'avait son sexe sur l'autre. A l'origine des sociétés, les femmes s'occupent exclusivement du foyer, des enfants, des soins domestiques. L'homme est un protecteur qui met sa force au service de leur faiblesse. Il défend la femme et les enfants contre les invasions, fait la guerre, entre en contact avec les peuples voisins ; en l'absence de moyens de communication, il est le véritable et unique agent des échanges économiques, intellectuels, moraux. C'est par lui que les idées et les mœurs nouvelles peuvent pénétrer dans la famille et la vivifier. C'est donc lui qui, par nature, devait être, chez lui, dans sa sphère privée, l'initiateur des nouveautés bienfaisantes. Entre l'homme et la femme, il y avait généralement tout l'écart qui existe entre le sens des nécessités changeantes de la vie active et le culte docile et obstiné des traditions. On comprend que la souveraine autorité ait été nécessaire à l'homme pour faire pénétrer la vie nouvelle dans les cadres rigides de la famille antique.

Mais peu à peu, la vie produisant la vie, la famille s'était transformée. Chaque étape nouvelle, résultat d'une contrainte première, aboutissait en fin de compte à un enrichissement conscient et profond des personnalités morales composant la famille. D'autre part, la facilité toujours plus grande des communications et le développement de la vie de société avaient diminué les différences de valeur et d'acquis entre les deux sexes. Un jour venait où l'homme avait conservé l'autorité absolue sans avoir à s'en servir désormais beaucoup, pour faire pénétrer dans la famille une vie nouvelle qui y pénétrait sans lui.

Ainsi, l'absolutisme social et l'absolutisme masculin, nés d'un besoin organique des sociétés, auraient dû prendre fin avec l'utilité qu'ils représentaient. Mais ils étaient la force, et, en survivant à leur rôle utile, ils devenaient peu à peu l'oppression brutale et comme le virus permanent de l'inertie sociale.

Les lois pénales de Rome, qui, au début de l'ère chrétienne, paraissaient reposer sur ce double autoritarisme, enfermées dans le cercle vicieux d'une autorité jalouse qui ne se serait jamais réformée elle-même, ne pouvaient céder qu'à la poussée ardente et invincible d'une criminalité d'avant-garde.

Que ce soit Moïse, Luther et Calvin, Mahomet, Rousseau, Tolstoï, tous les grands chefs de doctrines générales ont été de grands directeurs de vie, et c'est auprès d'eux, dans le trésor sans cesse renouvelé des actes qu'ils ont inspirés, que les législateurs viennent et viendront toujours puiser le secret de l'évolution pénale.

Lombroso dans *le Crime politique et les Révolutions*, a donné une classification de la criminalité, en tenant compte précisément du double caractère, retardataire ou avancé, qu'elle peut présenter.

Il distingue une double tendance, produisant également le crime : le *misonéïsme* et le *philonéïsme*. Seulement il fait de la première la base fondamentale et exclusive de la vie morale et sociale. Il conteste la réalité de la seconde ou, plutôt, en fait un dérivé de la première.

« La loi d'inertie l'emportant toujours, dit-il, comme « l'emportent toujours les tendances primitives, ces chan- « gements ne sont que très lents, et comme nous l'avons

« vu, donnent lieu à de faciles rechutes ; ils ne se fixent « et ne se greffent aux nouveaux mouvements que quand « les causes qui les provoquèrent continuent et deviennent « plus intenses. En somme, conclut-il, le philonéïsme, « le progrès triomphe aussi quelquefois, au moins dans « la race blanche et dans beaucoup de races jaunes ; mais « il n'est pas le résultat d'un mouvement subit ou d'une « tendance humaine naturelle, mais l'effet de forces « extérieures physiques ou sociales, ou historiques, etc., « qui ont fait dévier la loi d'inertie ; il est donc la lente « résultante, comme on dirait en physique, de ces petites « et insensibles variations qui sont particulières aux « hommes, suivant leur condition, ajoutées aux mouve- « ments plus grandioses, bien que momentanément « stériles, des génies et des fous, et à ceux, plus puissants, « du milieu physique et historique.

« ... Si donc, d'après ce que nous avons vu, le progrès « organique et moral n'a lieu que lentement et par des « attritus puissants, provoqués par les circonstances « extérieures et intérieures, et si l'homme et la société « humaine sont instinctivement conservateurs, il faut « conclure que les effets en faveur du progrès, qui se « manifestent par des moyens trop brusques et trop « violents, ne sont pas physiologiques ; que s'ils cons- « tituent quelquefois une nécessité pour une minorité « opprimée, en ligne juridique, ils sont un fait antisocial, « et par conséquent, un crime. (Lombroso et Laschi) *Le Crime politique et les Révolutions*, p. 47 et seq., l. I).

Lombroso se plaçait sur un terrain différent du nôtre. Mais il distinguait nettement le double aspect de la criminalité : les retardataires et les avancés, et voulant donner une base physiologique à sa classification, il mettait d'un côté les criminels-nés, attardés par routine et par atavisme dans les formes anciennes de criminalité, et de l'autre les génies et les fous, résistant aux lois présentes pour les dépasser et préparer l'avenir.

Il préconisait d'ailleurs un progrès lent, sans secousses, refusant le caractère physiologique aux secousses trop brutales, et en fin de compte, aboutissait par une autre voie à distinguer le criminel en retard sur son temps et le criminel d'avant-garde.

Nous retrouvons, chez la plupart des criminologistes contemporains la trace de cette classification qui paraît s'imposer à leur esprit. Pour n'en citer que deux particulièrement symptomatiques, et qui ont fait parvenir au public des échos répétés de leurs divergences sur tant de points, Tarde, et, aujourd'hui encore M. Durkheim, ont tenu compte, plus ou moins formellement, de cette double espèce possible de criminalité. M. Durkheim dans ses « Règles de la méthode sociologique » affirmait la nécessité du crime, quel qu'il soit : « Il est lié, disait-il, aux « conditions fondamentales de toute vie sociale ; « mais par cela même il est utile, car ces conditions dont « il est solidaire sont elles-mêmes indispensables à l'évo- « lution normale de la morale et du droit .. Il faut que « l'autorité dont jouit la conscience morale ne soit pas « excessive, autrement nul n'oserait y porter la main « et elle se figerait trop facilement sous une forme « immuable. » (Durkheim ; *Les Règles de la Méthode sociologique*, p. 87).

Et M. Durkheim ajoutait: « Pour que la conscience « morale puisse évoluer, il faut que l'originalité indivi- « duelle puisse se faire jour; or, pour que celle de l'idéa- « liste qui rêve de dépasser son siècle, puisse se mani- « fester, il faut que celle du criminel, qui est au-dessous « de son temps, soit possible. » (*Ibid.*).

C'est bien la distinction du criminel retardataire au-dessous de son temps, et de l'idéaliste agissant, criminel dépassant son époque.

Dans sa réponse, Tarde, saisi par cette antinomie impérieuse, s'indignait que le crime des retardataires, tout au moins, puisse être considéré comme salutaire à un titre quelconque, et au même titre surtout que l'acte de l'idéaliste ou du révolutionnaire, si toutefois celui-ci pouvait être considéré comme bienfaisant. Et il écrivait : « Le « crime bas et rampant, haï ou méprisé, le seul dont « M. Durkheim s'occupe, comment est-il possible de le « juger utile aux sociétés où il se glisse comme un intrus, « ouvrier du vice, parasite du travail, destructeur de « récoltes comme la grêle, et où il ne produit rien que la « contagion de son mauvais exemple? A quoi est-il bon? « qu'à être pourchassé par la police judiciaire, qui elle- « même n'est bonne qu'à ce sport. » (Tarde, *Revue philosophique*, 1895, I, p. 151).

A quoi M. Durkheim répliquait: « Il est particulière- « ment inexact de dire que « le crime bas et rampant, haï « et méprisé, soit le seul dont M. Durkheim s'occupe. » « Quand j'ai essayé de montrer comment le crime pouvait « avoir une utilité même directe, les seuls exemples que « j'aie cités sont ceux de Socrate et des philosophes héré-

« tiques de tous les temps, précurseurs de la libre pensée. « (Règles de la méthode sociologique, p. 88 et 89) et on « sait s'ils sont nombreux. » (Durkheim, *Revue philosophique*, 1895 ; I, p. 518 et seq.).

Et, en effet, si nous nous rapportons à la citation visée par l'auteur, nous lisons cet exposé catégorique :

« Que de fois, le crime n'est qu'une anticipation de la « morale à venir, un acheminement vers ce qui sera ! « D'après le droit athénien, Socrate était un criminel et « sa condamnation n'avait rien que de juste. Cependant « son crime, à savoir l'indépendance de sa pensée, était « utile, non-seulement à l'humanité, mais à sa patrie. Car « il servait à préparer une morale et une foi nouvelles « dont les Athéniens avaient alors besoin, parce que les « traditions dont ils avaient vécu jusqu'alors n'étaient « plus en harmonie avec leurs conditions d'existence. Or « le cas de Socrate n'est pas isolé ; il se reproduit pério- « diquement dans l'histoire. La liberté de penser, dont « nous jouissons actuellement, n'aurait jamais pu être « proclamée, si les règles qui la prohibaient n'avaient été « violées avant d'être solennellement abrogées. Cepen- « dant, à ce moment, cette violation était un crime, puis- « que c'était une offense à des sentiments encore très « vifs dans la généralité des consciences. Et, néanmoins, « ce crime était utile, puisqu'il préludait à des transfor- « mations qui, de jour en jour, devenaient plus néces- « saires. La libre philosophie a eu pour précurseurs les « hérétiques de toute sorte que le bras séculier a juste- « ment frappés pendant tout le cours du moyen âge et « jusqu'à la veille des temps contemporains. De ce point

« de vue, les faits fondamentaux de la criminologie se « présentent à nous sous un aspect nouveau. Contrairement « ment aux idées courantes, le criminel n'apparaît plus « comme un être radicalement insociable, comme une « sorte d'élément parasitaire, de corps étranger et inassi- « milable, introduit au sein de la société ; c'est un agent « régulier de la vie sociale. » (Durkheim. *Les Règles de la Méthode sociologique*, p. 88 et 89.)

Ainsi, il apparaît assez nettement que le crime qui, pour pour nous comme pour M. Durkheim, est simplement la violation de la loi pénale établie, peut présenter des couleurs bien différentes, selon qu'il est en retard ou en avance sur celle-ci.

Il est vrai que M. Durkheim, tout en soulignant l'immense distance qui les sépare, affirme leur utilité commune; mais il ne peut parler d'« utilité directe » de la criminalité ordinaire.

Tarde, au contraire, niant l'utilité, directe ou indirecte, de toute criminalité, réserve son indignation et toute l'énergie de sa dialectique pour stigmatiser le crime « bas et rampant ». Au point où nous en sommes, quelle position allons-nous prendre dans le débat, et devons-nous prendre position?

Avec le sens commun et avant d'avoir décidé, si, comme le prétend M. Durkheim, le crime ordinaire pouvait être utile ou non, nous avons admis que, tel que nous l'avions défini, il était, par notre définition même, un mal. Si le crime est tout acte qui donne lieu à l'application d'une peine, nous disions que, logiquement, les caractères fondamentaux de chaque terme devant s'appliquer à l'autre, le crime est un mal dans la mesure où la peine en est un, elle aussi.

Or, la peine est essentiellement un mal pour celui qui doit la subir. Qu'on l'envisage comme un châtiment, comme un moyen d'intimidation, comme une réparation ou une compensation, elle est imposée, coercitive, oppressive par nature ; elle va à l'encontre des instincts fondamentaux de l'homme. Nous pouvons donc, de prime abord, en inférer que le crime, dont elle est l'écho, la contre-partie et, en quelque sorte, pour nous, le répondant logique, doit être aussi un mal pour le milieu social qui en est atteint.

Nous avons patiemment cherché d'où pouvait provenir la criminalité, et, constatant le caractère instable et relatif du crime, nous avons préféré abandonner le point de vue italien trop statique de l'« homme criminel » pour y substituer celui de l'« Action criminelle » dans sa relativité permanente, dans son évolution, extrêmement lente, mais certaine et continue. Nous avons vu la loi pénale perpétuellement formée, modifiée, élargie ou rétrécie par la vie sociale, faite des tendances, des aspirations, des idées, des sentiments et des efforts de ceux qu'elle est appelée à régir. Nous avons constaté aussi l'influence réciproque de la loi sur les mœurs, sur la vie de chacun, et sur tout ce qui constitue la personnalité de ceux qui en dépendent.

Et nous avons dit, sans sortir des cadres actuels du réel : si le crime, individuel ou social, est la méconnaissance agissante des mœurs par le législateur ou de la loi par les hommes qui doivent lui obéir, il faut relier ces deux termes, non plus par des idées, des sytèmes ou des principes, non plus par des conseils ou des prédications, encore moins par des menaces nouvelles, mais par un organe neutre, en quelque sorte mécanique, qui, par sa fonction essentielle, établisse entre eux une circulation ininterrompue. Nous avons trouvé la petite association intermédiaire finaliste, neutre, qui, réservant les grands problèmes, facilite simplement les échanges entre l'individu et la société ; en rapprochant de l'uniformité les éléments du corps social, en les amenant sans cesse à une plus grande ressemblance, elle doit nécessairement provoquer une détente et une diminution de la criminalité ordinaire.

C'est alors que nous avons été arrêtés par une criminalité nouvelle sans rapport apparent avec la première, aussi élevée que la première l'était peu, aussi désintéressée que l'autre était égoïste et méprisable.

Certes, l'association finaliste peut être un merveilleux agent de conservation sociale. Elle étend, propage et proportionne les idées déjà établies, les sentiments déjà ressentis ; elle répand et en quelque sorte distribue le résultat des efforts de chacun. Mais ces idées, ces sentiments, ces efforts, quelle en est la source ? D'où viennent-ils ? Qui les a fait naître ?

Observant un moment de l'histoire du monde, nous voyons des résultats, une réalité complexe qui sort toute faite des profondeurs du passé. Nous pouvons essayer de la regarder en face, et créer entre ses éléments une harmonie de fait sans nous épuiser à résoudre le problème des origines.

Mais la vie du monde ne s'arrête pas à nous. Et si, à la rigueur, nous pourrions, sans danger, interroger les résultats sans tenir compte des causes, nous ne pouvons absolument pas nous borner à régulariser le présent sans préparer l'avenir.

Or, si l'organisation sociale actuelle, telle qu'elle s'offre aux regards du sociologue, n'apporte que peu de lumière sur sa propre raison d'être, ses tenants et aboutissants, elle ne peut rien par elle-même pour s'enrichir et préparer les conquêtes nouvelles. Elle est ce qu'elle est. L'organisation plus complète et plus parfaite du corps social mettra plus d'ordre dans le capital acquis, plus de régularité dans la vie générale établie ; mais par elle-même, elle ne pourra jamais donner ce qu'elle ne possède pas, la clef des richesses futures, des accroissements donnant à la société cet apport étranger, nécessaire à sa vie.

C'est ainsi que le crime supérieur apparait. Le corps social est composé d'éléments très variés. Malgré le développement rassurant des associations de toute nature, le crime ordinaire sévit toujours, changeant de nom, de forme, d'intensité, survivant à tout comme un mal impossible à déraciner,

Mais à côté des « retardataires », il y a ceux pour qui les conclusions de la morale actuelle sont devenues insuffisantes. A côté des « retardataires », il y a les individualités supérieures, et celles-là, soumises à la double loi de conservation et de progrès, ne pourront bientôt plus se contenter de remâcher sans cesse la même nourriture.

Dès lors, si nous admettons qu'il y ait une évolution dans le sens du mieux, nous voyons bien que la force législative attire les retardataires vers l'étape légale, mais il semble incontestable que cette même force, bienfaisante pour ceux-ci, deviendra malfaisante pour quelques-uns, peut-être les meilleurs.

« La durée est le progrès continu du passé qui ronge « l'avenir et qui gonfle en avançant. Du moment que le « passé s'accroît sans cesse, indéfiniment aussi il se « conserve... En réalité, le passé se conserve de lui-même, « automatiquement. Tout entier, sans doute, il nous « suit à tout instant : ce que nous avons senti, pensé, « voulu, depuis notre première enfance, est là penché sur « le présent qui va s'y joindre, pressant contre la porte de « la conscience qui voudrait le laisser dehors... Que « sommes-nous en effet, qu'est-ce que notre caractère, « sinon la condensation de l'histoire que nous avons « vécue depuis notre naissance, avant notre naissance « même, puisque nous apportons avec nous des disposi- « tions prénatales ? Sans doute, nous ne pensons qu'avec « une petite partie de notre passé, mais c'est avec notre « passé tout entier, y compris notre courbure d'âme « originelle que nous désirons, voulons, agissons. Notre « passé se manifeste donc intégralement à nous par sa « poussée et sous forme de tendance, quoiqu'une faible « part seulement en devienne représentation. » (Bergson, l'*Évolution créatrice*, p. 5).

« Tout le passé présent dans le présent ». Si rien ne se perd des expériences antérieures ; si dans mon acte, il y a nécessairement tout ce qui s'est accumulé en moi de richesses morales depuis que j'existe, si je ne puis qu'y ajouter, quel rôle devient celui de la loi vis-à-vis de ceux qui l'ont dépassée? Et quand même ceci ne serait qu'une illusion, quand même le passé, virtuellement présent dans mes actes présents n'y serait qu'en puissance, virtualité branlante qui réclamerait constamment un support, quand même le bien social serait vraiment dans le changement et ne se capitaliserait pas, pourquoi entraver le changement et retarder la réalité légale de demain ?

Et nous touchons ici au fond même de l'objection. Sans doute, on peut imaginer une loi observée en fait et contestée en droit, c'est le rêve de nos régimes modernes ; la libre discussion des idées sous l'empire et la sauvegarde de la loi générale universellement respectée. Mais comment ne pas voir que ce rêve ne saurait être une réalité qu'au prix d'un arrêt complet, sinon d'un recul dans l'évolution des Sociétés ? Il est de l'essence du raisonnement de nous enfermer dans le cercle du donné. *Mais l'action brise le cercle.*

« Si vous n'aviez jamais vu un homme nager, vous « me diriez peut-être que nager est chose impossible ; « attendu que, pour apprendre à nager, il faudrait com- « mencer par se tenir sur l'eau, et par conséquent savoir « nager déjà. Le raisonnement me clouera toujours en « effet à la terre ferme. Mais si, tout bonnement, je me « jette à l'eau sans avoir peur, je me soutiendrai d'abord « sur l'eau tant bien que mal en me débattant contre elle, « et peu à peu je m'adapterai à ce nouveau milieu, « j'apprendrai à nager. Ainsi, en théorie il y a une espèce « d'absurdité à vouloir connaître autrement que par « l'intelligence ; mais *si l'on accepte franchement le risque,* « l'action tranchera peut-être le nœud que le raisonne-

« nement a noué et qu'il ne dénouera pas. » (Bergson, l'*Évolution créatrice*, p. 21).

Qu'est-ce à dire ? sinon que les idées toutes seules sont impuissantes et ne servent qu'à préparer les actes efficaces ? Quelle réforme profonde a pu être faite sans révolution ?

Il n'y a pas à refaire une démonstration désormais acquise : une simple idée est impuissante contre une législation qui est le produit des mœurs d'une époque et d'un pays.

Une loi pénale n'existe pas seulement parce qu'elle correspond aux vues intellectuelles d'un législateur, souverain ou majorité. Nous avons vu qu'elle était faite par la vie générale, c'est-à-dire par les actes, nerfs, cœur et cerveau, et qu'elle était d'autant meilleure qu'elle comprenait mieux le secret du composé pour le régir dans sa complexité.

Un échange perpétuel se produit donc entre le légal et le vivant, avec cette différence essentielle que le vivant évolue sans cesse sous l'action de l'entrecroisement des forces, tandis que le légal évolue par secousses.

Lorsqu'une loi est promulguée, elle le sera peut-être pour une durée fort courte : sous l'empire des nécessités sociales, elle fera place sans doute assez vite à une formule nouvelle ; cependant, la loi, comme l'acte, tranche, décide, opte entre des solutions contraires et possibles, elle taille dans le vif, et, dès lors, jusqu'à l'étape suivante, elle sera la loi applicable pour tous.

On dira peut-être qu'elle évolue toujours parce qu'elle n'est pas considérée par deux individus de la même façon. C'est pour cela d'ailleurs qu'elle est une synthèse, celle d'actes contradictoires dont elle fixe pour un temps la fuyante et inconsciente unité.

La formule légale précise l'acte vague, elle ramasse l'acte éparpillé, elle caractérise l'acte indécis ; et surtout elle arrête pour un temps, par son caractère impératif, l'acte insoumis et rebelle.

A cette loi issue des mœurs, des coutumes nouvelles et anciennes, des sentiments, des rêves, des efforts de tout un peuple, que peut apporter une propagande d'idées ?

Le prédicateur des principes nouveaux sera peut-être supérieur à ceux qui ont assumé la tâche plus facile de défendre les idées régnantes. Ses démonstrations, sa logique feront peut-être l'admiration des gens compétents. De tous temps il y a eu des rhéteurs rompus aux difficultés de la dialectique et dont le rôle était de justifier tour à tour les principes les plus opposés, grâce à l'excellence de leur méthode. Ceux-ci admireront sans réserve. Mais contre la démonstration la mieux faite, la plus savamment ordonnée, se dressera toujours avec succès la formidable coalition de toutes les « raisons que la raison ne connaît pas », des sentiments, des sensations, des appétits de toute nature, des illusions, des légendes, des dictons populaires, de tous les éléments contradictoires dont les actes sont faits, et ceci submergera cela.

Tout change si l'apôtre de l'idée nouvelle est un propagandiste par le fait.

Le jour où l'apôtre, de philosophe devient acteur, de penseur devient agissant, il devient aussi criminel.

Faut-il espérer pouvoir ajouter un principe nouveau sans déranger le tout légal, sans ébrécher aucunement la statue que l'on veut parfaire ?

Voici le problème qui s'offre à nous maintenant.

Pour sortir de l'état présent et le dépasser, pour donner à la vie sociale sa plénitude en ajoutant le progrès à la conservation, faut-il agir en criminel? Faut-il, de toute nécessité, désobéir à la loi présente devenue caduque ?

C'est le cas d'innombrables propagandistes par le fait qui, se sentant trop à l'étroit dans leur milieu, en ont brisé violemment les cadres.

Mais peut-on les justifier ? La loi les punit ; mais la loi est-elle juste en les punissant? Le criminel d'avant-garde accomplit-il un devoir supérieur, ou commet-il une faute impardonnable ? Trouve-t-il des excuses dans le milieu social imparfaitement organisé ?

M. Durkheim, qui admettait même l'utilité indirecte du crime ordinaire, préconise ouvertement, nous l'avons vu, le crime supérieur. Une loi est pour lui, nous le savons, comme une morale. Elle est « un système organique « dont les parties sont solidaires, et le moindre change- « ment que l'on y introduit en trouble toute l'économie. » (Durkheim, *Revue philosophique*, 1895 ; I, p. 522).

Cela est-il si évident? Et faut-il admettre, aussi catégoriquement, la séparation absolue des morales et des législations?

Lombroso, parmi les causes de philonéïsme, indiquait « les mouvements successifs qui naissent à la suite des « premiers mouvement. »

« Ainsi, écrivait-il, comme l'observent très bien les

« historiens, Mahomet fut une continuation de l'initia-« tive révolutionnaire chrétienne judaïque. » (Lombroso, *Le crime politique et les Révolutionnaires ;* I, p. 46).

Renan avait déjà dit : « Mahomet fut un nazaréen, un « judéo-chrétien. »

« Le monothéisme sémitique reprit par lui ses droits et « se vengea des complications mythologiques et poly-« théistes que le génie grec avait introduites dans la « théologie des premiers disciples de Jésus. »

Il semble bien que les diverses législations, comme les diverses morales, sont toujours vulnérables par quelque côté, ouvertes aux nouveautés par des brèches plus ou moins apparentes, pénétrables tout au moins par l'esprit des lois et des morales voisines. Mais, sans entrer dans des considérations qui seraient prématurées, nous avons à nous demander si, en principe, le crime supérieur est aussi nécessaire ; et s'il ne l'est pas du point de vue logique, quelles circonstances de fait peuvent le faire apparaître comme tel.

Au premier examen, une fondamentale antinomie se fait jour. D'une part, le crime supérieur est un mal parce qu'il est une lésion du droit actuel, et d'autre part, il est accompli comme un devoir par celui qui le commet.

Qu'il soit un mal pour le milieu social où il se produit, c'est ce qui résulte logiquement de son caractère essentiel de crime réprimé par une peine.

Nous avons admis qu'une législation pénale était toujours une résultante des circonstances, du milieu, du caractère des nationaux, du développement historique, diplomatique, militaire, colonisateur du pays où elle régnait. Par le fait qu'elle existe et qu'elle demeure, elle fait la preuve de ses affinités avec les réalités sociales dont elle procède. Issue de la volonté du plus grand nombre ou de l'élite, en tout cas de la force efficiente du moment, elle se retourne en souveraine impérative à l'encontre des volontés dissidentes. Elle est, pour ces dernières, le devoir social. Il en résulte que tout acte contraire aux lois pénales régnantes, est un mal pour la réalité sociale elle-même.

Quand une loi est établie, elle vise des actes, et reste impuissante à atteindre des idées. Si elle vise à réprimer des crimes de pensée, c'est toujours par l'intermédiaire de leur expression extérieure, de leurs manifestations tangibles et évaluables du dehors.

Tout acte, visé par la loi, tombant sous le coup de la loi, pourra déterminer une peine, quelle que soit l'idée, quel que soit le principe qui l'aient inspiré. Comment pourrait-il en être autrement ? L'idée qui ne se traduit pas en acte reste la propriété exclusive et inconnue de celui en qui elle est née. L'acte étant une option entre une multiplicité d'idées qui s'offrent au choix de l'agent, une seule finit par prévaloir à laquelle l'acte donne force légale, et toutes les idées éliminées viennent joindre leur force propre à la sienne en s'y subordonnant.

Mais cette idée triomphante, quelle est-elle ? ce principe vainqueur de ses concurrents devenus ses sujets, quel est-il ? Comment le connaître ? Quel critérium permettra de le déterminer avec certitude et précision ?

Les mêmes actes peuvent résulter d'origines si différentes !

Il n'y a pas de pire crime, semble-t-il, que le meurtre d'un fils par son père et Abraham aurait, sans hésiter, sacrifié Isaac ! Le meurtre des Curiaces par leur ami Horace, du père de Chimène par le fiancé de sa fille ; dans le théâtre contemporain, la glorification du parricide dans « Pour la Couronne » de François Coppée, sont autant de vérifications, par la légende ou par le théâtre, de cette multiplicité de motifs possibles à donner aux mêmes actes.

Il y a un motif déterminant, et tous les autres, avons-nous dit, viennent s'y subordonner. Le pire criminel retardataire accomplira son crime dans une pensée de de lucre totalement méprisable, après quoi, toutes ses pensées, bonnes et mauvaises, viendront se rattacher à ce centre, s'alimenter à cette source vivante, et il mourra en glorifiant l'anarchie, en proclamant sa foi dans une société meilleure où son acte n'eût pas été nécessaire.

On est étonné quelquefois, dans le monde étranger à la vie judiciaire, que la défense puisse trouver à s'exercer en faveur de tous. Comment pouvez-vous être sincères, dit-on aux avocats ? Vous passez votre vie à mentir ! Vous mentez par profession ! En admettant même que la magistrature chargée de prendre l'initiative des poursuites manque de clairvoyance et d'habileté en beaucoup de cas, mettons une fois sur deux, ce qui est bien improbable, il n'en resterait pas moins qu'une fois sur deux vous mentez, ou tout au moins inconsciemment vous défendez une cause injuste.

C'est bien peu comprendre le rôle de la défense et bien peu saisir aussi le mécanisme de l'action criminelle.

D'abord, on n'est jamais absolument sûr de l'authenticité du mobile qui a inspiré une décision et provoqué un acte. On peut toujours contester qu'un acte ait eu pour point de départ tel mobile vil et méprisable plutôt que tel autre, tout au moins plus excusable.

Et, puis, il est un ordre de considérations qui donne à la défense toute sa valeur morale. Quels que soient en fin de compte le mobile ou le motif qui aient triomphé et déterminé l'acte criminel, du moment que l'exécution de celui-ci a commencé, tout ce qu'il y a de bon ou de mauvais dans la personne vient effectivement s'y subordonner.

Le meurtrier, qui tue pour venger une injure personnelle, se consolera et se réconfortera moralement en pensant que d'autres auraient pu subir, de la part de sa victime, des injures analogues, et que, grâce à lui, personne n'aura désormais à en souffrir.

L'assassin qui a tué pour dépouiller un homme riche reconstituera sa physionomie morale à ses propres yeux en pensant qu'il a quelque peu, par son acte, réparé l'injustice du sort et des lois sociales.

Et c'est là, dans cet aspect complémentaire de l'âme criminelle, que les défenseurs pourront indéfiniment trouver matière à discuter, à protester, à atténuer les plus horribles forfaits.

Il est bien vrai qu'un homme n'est jamais tout à fait bon ni tout à fait mauvais. Dans tout acte de vertu, l'humanité imparfaite trouve à donner carrière à ses petitesses morales : qui peut se flatter d'avoir accompli un acte de vertu, un seul, totalement désintéressé?

Dans tout acte criminel aussi, il y a autre chose que la criminalité proprement dite; il y a tout l'infini moral écarté par la décision, mais qui, dès l'acte commencé, se presse pour reprendre sa place au soleil, et jouer son rôle; il y a tous les bons instincts méprisés qui sollicitent à nouveau un emploi, et qui jouent si souvent un rôle modérateur et apaisant dans l'accomplissement même de l'acte et des conséquences qui en découlent.

« Vous venez, nous disait récemment un juré fort intel-« ligent, à propos d'une affaire de meurtre, vous venez de « nous démontrer clairement toutes les raisons qui ont « détermiué votre client à accomplir l'acte qui l'a fait « comparaître devant la cour d'assises. Je vous ai écouté « fort attentivement; et je crois bien que vos réflexions « sont justes. En examinant, d'autre part, le rôle de la « session, j'ai constaté que plusieurs autres affaires de « même nature nous seraient soumises. Je pense bien « qu'à moins d'avoir à juger des aliénés, (auquel cas « un rapport médical nous éclairera, je l'espère, et nous « acquitterons), tous les meurtriers qui comparaîtront « devant nous, pourront, par eux-mêmes ou par l'organe « de leurs défenseurs, nous donner les raisons de leur « acte et nous expliquer ce qui les a déterminés à méconnaître la loi pénale. Prétendez-vous donc qu'il faille « les acquitter, du moment qu'une bonne raison de l'acte « nous sera fournie? »

Assurément non; il y a un discernement à apporter, un triage à opérer entre les raisons des actes. Ce caractère bilatéral de la délibération qui précède l'acte criminel, aussi bien que de l'action criminelle proprement dite, est représenté par la dualité des efforts faits en double sens contradictoire par l'accusateur et le défenseur.

C'est assez dire que l'accord et la clarté peuvent difficilement s'établir sur l'origine exacte d'une détermination criminelle.

Ce qu'il y a de sûr, c'est la nécessité d'un acte extérieur précis pour provoquer la répression.

Ce qu'il y a d'incertain, c'est la raison profonde qui l'a fait naître. C'est assez dire que l'acte criminel produira ses effets par lui-même, indépendamment de ses causes réelles.

Qu'est-ce qui produit le mal matériel, sinon l'acte matériel tout seul, sans que l'on ait à tenir compte de ses origines rationnelles ou sentimentales ?

Et qu'est-ce qui provoque le mal moral, sinon l'exemple par les manifestations extérieures encore, les gestes, les paroles ou les écrits ? Un mari jaloux tue sa femme dans un accès de colère. Le jury l'acquitte. Est-on bien sûr que ce soit la jalousie toute seule, et la jalousie fondée, qui ait armé son bras ? N'était-il pas las de la vie commune ? Ne voulait-il pas se constituer un autre foyer ? N'attendait-il pas de cette mort la libre et pleine disposition des biens de sa femme ? Nul ne peut le savoir absolument.

Tel homme politique, remueur d'idées et de foules, s'attaque à une prescription ancienne de la loi pénale encore en vigueur. Il joint l'acte à la parole, complote contre la sûreté de l'État ou simplement contre les institutions du moment. Est-ce un apôtre ? Rêve-t-il vraiment l'amélioration du sort de tous ? Ou bien est-ce un agitateur inconsistant, désireux de faire parler de lui, et de satisfaire une vaine gloriole au détriment de la paix publique ? Pour faire pareille besogne, n'a-t-il pas reçu des subsides ? N'est-il pas un instrument intéressé entre des mains habiles et dissimulées ?

Le saura-t-on jamais avec certitude ? Qui l'établira ? Ce qui reste, c'est l'acte lui-même, c'est la brèche qu'il fait dans l'édifice légal ; c'est le mal qu'il opère à l'encontre d'une collectivité qui n'est pas faite pour se l'assimiler. Ce sont aussi les conséquences plus ou moins lointaines qui vont en découler, au grand préjudice d'un milieu mal préparé.

Dira-t-on que le crime supérieur est un bien parce qu'il satisfait certaines tendances latentes dans le corps social ? Que celui-ci n'est pas homogène et que le crime d'avant-garde satisfait tout au moins les dissidents de la loi pénale, la minorité qui la subit sans l'approuver ?

Mais il faudrait dire alors que les criminels retardataires font aussi le bien dans la même mesure. Eux aussi rencontrent des affinités, eux aussi s'associent parfois pour triompher. Faut-il dire qu'ils font œuvre bonne aussi longtemps qu'ils trouvent des imitateurs ou des approbateurs ?

Et d'ailleurs les criminels supérieurs les plus admirés dans l'histoire ne sont-ils pas justement les plus isolés ? « Un contre tous ». L'apôtre écrasé par le nombre, luttant quand même pour ses idées, n'a-t-il pas toujours ému plus que les autres les âmes généreuses ? Et à mesure que l'idée se répand, se généralise, le prestige du disciple ne diminue-t-il pas tout ensemble ?

Sous quelque jour qu'on l'envisage, le crime est un mal, nous voulons dire un mal social, et c'est le seul que nous ayons à envisager.

Il peut se faire que les consciences individuelles y voient un bien lorsqu'elles l'examinent au dedans d'elles-mêmes et par rapport à elles-mêmes. C'est affaire personnelle, et nous n'avons pas même à nous le demander, parce que le crime est affaire essentiellement sociale et que seul son rôle social nous importe.

C'est un mal, et pourtant il est des cas où le crime apparaît à la conscience comme un devoir.

Nous avons dit : il y a les criminels qui s'exposent à une peine parce qu'ils font passer leur bien avant celui des autres, leur intérêt et leur plaisir avant celui de la société, et il y a ceux qui s'exposent à une peine parce qu'ils mettent l'intérêt social avant leur propre bien-être, leur propre sécurité.

Les uns et les autres rentrent dans la définition qui nous sert de base ; et pourtant, quelle différence !

Les retardataires s'exposent à la peine, mais ils le font lâchement, sournoisement, à la dérobée, avec l'espoir qu'ils ne seront pas vus et qu'ils pourront retirer le bénéfice de leur crime sans subir ses inconvénients.

Les meilleurs prennent pour leur compte le vers d'Ovide :

Video meliora proboque, deteriora sequor.

La plupart finissent par se faire un système moral qui justifie les actes qu'ils commettent. A force de répéter les mêmes actes, la part rationnelle que contiennent ceux-ci s'en détache peu à peu, parce qu'il y a une logique pour tout, pour le mal comme pour le bien. Commençant par désobéir à la loi par faiblesse et en ayant conscience de sa faiblesse, le criminel de la première catégorie se fait à lui-même une raison d'agir qui le justifie à ses propres yeux. Mais elle ne le justifie qu'après coup, parce qu'elle dépend de l'acte commis, elle lui est subordonuée.

Quand, dans une prison ou dans un bagne, on interroge les pires malfaiteurs, quand on cause familièrement avec eux pour tâcher de pénétrer dans leur intimité morale, pour peu qu'ils sachent s'exprimer, on se trouve en présence de systèmes souvent puérils, toujours absolus dans leur principe, accusant la société présente d'injustice, de férocité, et légitimant le crime commis par l'intéressé comme la juste revanche prise contre l'état présent des choses.

Ce qui domine, c'est une conviction profonde de la dépravation générale, l'idée que tout le monde est mauvais et que tout le monde a le droit de l'être, et aussi que, contre la force publique, tout est permis pourvu toutefois qu'on la trompe, et qu'on échappe à sa vindicte.

Toute différente est l'attitude de l'apôtre, de l'idéaliste qui souffre pour ses idées. Celui-ci s'expose à la peine, mais il la recherche pour elle-même comme un moyen de faire pénétrer plus violemment l'idée qui l'anime. Celui qui meurt ou qui se fait emprisonner en confessant une croyance philosophique ou religieuse condamnée par les lois de l'État ne cherche pas à se cacher, ou s'il le fait c'est comme une défaillance dont il s'accuse envers lui-même. D'une façon générale, celui qui enfreint les lois existantes dans un intérêt social sacrifie son bien-être présent et en donne comme garantie, l'acceptation volontaire et courageuse de la pénalité encourue.

Tandis que le premier, le criminel ordinaire, cherche à nuire aux autres pour augmenter injustement son propre bonheur, le criminel idéaliste accepte de se nuire à lui-même pour contribuer au bonheur public.

Un abîme moral les sépare, et pourtant, ils sont criminels tous les deux.

Criminel social par devoir individuel, telle est l'antinomie du criminel par idéal, telle est l'énigme à déchiffrer, tel est le problème à résoudre maintenant.

CHAPITRE VII

LES ASSOCIATIONS TOTALES

Il nous reste à établir la base de ces devoirs supérieurs, ceux qui, dépassant la zone sociale, ne peuvent s'appuyer exclusivement sur elle.

S'il y a plus dans la nation que dans l'individu, nous avons vu aussi qu'il y a plus dans l'individu que dans la nation ; si donc nous voulons découvrir la source des devoirs destinés à pousser la nation vers de nouvelles conquêtes, il faut la chercher dans cette partie individuelle supérieure, qui dépasse le domaine de la collectivité.

Vue d'un certain côté, la vie individuelle est sans limites. Par la vie physique, chacun se trouve inséré dans un vaste déterminisme, grâce auquel on peut bien dire qu'aucun de nos gestes ne reste entièrement étranger au reste de l'univers physique. Par la vie morale, le moindre de nos actes se joint à la grande mêlée des exemples, des actions et réactions de conscience du reste des hommes, Réfléchissons avant d'agir, car l'acte. une fois jeté dans la circulation universelle, produit des contrecoups que nous ne saurions ni prévoir, ni réparer.

L'individu, en un sens, reçoit le contrecoup de l'univers et atteint aussi, par l'acte, l'univers entier.

Mais, aussi en agissant, il choisit, il opte, donc il extrait, par chaque action, ce qui convient à sa personne ; il prend et à la fois il rejette : il fait comme le sculpteur qui ne peut parfaire son œuvre qu'en écartant par le ciseau ce qui compromettrait la physionomie qu'il veut lui donner. Chacun de nous poursuit, à travers la vie, la constitution de sa personne, chacun taille ainsi sa propre statue.

De quoi est faite la collectivité ? D'où tire-t-elle ses matériaux, sinon de cette réalité consciente, progressivement et laborieusement construite dans la série des actes ?

La nation est plus que l'individu, elle est même plus que l'addition des individus, mais ce dont elle est faite par ses coutumes, par ses mœurs, par ses lois, elle le prend au capital individuel, à ce que chacun de nous a pris, a gagné, a conquis dans la bataille des actes.

La nation est une résultante ; elle procède de la combinaison des vies individuelles, et celles-ci sont substantiellement faites de ce qui, dans la série des actes, a été pris à l'inconnu, au formidable univers qui s'étend devant chacun de nous comme un immense champ à explorer et à conquérir.

Impossible d'imaginer une vie nationale sans vie individuelle. A la rigueur, l'individu peut se faire sa vie en s'aidant d'autres concours que celui des hommes, tandis que la vie nationale n'est rien sans lui. Et quand on dit qu'il y a échange perpétuel entre la nation et ses membres se poussant et s'enrichissant mutuellement, il ne faut pas perdre de vue qu'entre les deux. la vraie, la seule source première des richesses, c'est l'individu. Donc, tandis que l'individu entre en contact avec la totalité des choses, la nation n'est faite que de ce qui, dans les choses, a été gardé, trié, assimilé par chacun de ceux qui la composent.

Le jour où l'individu se bornerait à se conformer à la morale nationale, l'évolution serait frappée de stérilité dans ses deux termes, et la vie sociale tout entière se trouverait enfermée dans le plus inextricable cercle vicieux.

Mais si la nation est bornée par l'individu même, celui-ci n'est borné par rien. Les richesses morales qu'il possède, il en doit une part à la nation, mais une part seulement, et il les doit aussi à tout ce qui est, à tout ce qu'il touche, à tout ce qu'il peut atteindre, et nous savons qu'en fait il peut tout atteindre et il atteint tout.

Qu'il le veuille ou non, il se trouve mêlé intimement à ce qu'il ignore autant qu'à ce qu'il comprend. Qui peut se flatter d'échapper totalement à une force quelconque, physique ou morale, et qui peut se flatter de les connaître toutes?

Vivant au milieu de l'inconnu, subissant ses lois sans les comprendre, l'être moral ne peut pas, comme l'animal, se laisser aller aux suggestions d'une sorte d'instinct.

L'animal ne progresse pas et son instinct en fait un chaînon passif de l'universel déterminisme.

Mais l'être moral a commencé, si peu que ce soit, une conquête consciente de son milieu, et il ne dépend pas de lui de s'arrêter ou de rebrousser chemin. L'équilibre est rompu et il doit poursuivre sa route.

Chaque homme ne peut pas plus échapper à l'emprise d'une règle de vie totale, qu'il ne peut soustraire son corps aux lois physiques, sa personnalité sociale à toute législation nationale.

Certains nomades n'ont échappé à toute assimilation nationale qu'en devenant eux-mêmes les éléments d'une nation d'errants. Le sceptique qui prétend répudier toute solidarité religieuse ou métaphysique appartient, qu'il le veuille ou non, à une école définie qui donne aux grands problèmes de la vie une réponse spéciale dont sa vie s'inspire pratiquement.

Or le moyen de maintenir une harmonie de fait entre nous-mêmes, tels que nous sommes déjà, et l'immensité inexplorée qui cependant nous enserre et s'impose à nous, à qui allons-nous le demander ? à quoi ? à quelle formule ? à quelle source profonde ?

Il faut bien le reconnaître, ce besoin qui est nécessairement au cœur de tous, ne peut à proprement parler être identique pour personne. Ce besoin, qui naît d'un rapport entre une personnalité formée dans les hasards de la vie et l'immensité de l'inconnu, exigera pour chacun des satisfactions spéciales.

De fait chacun a son idéal particulier. Il y a souvent plus de différence foncière entre deux fidèles d'une même église qu'entre un athée et un croyant. Rien donc d'individuel comme l'idéal, semble-t-il.

Et pourtant, l'idéal, comme le réel, est fait pour se coordonner, s'organiser, pour devenir collectif et profiter aussi de cette force nouvelle.

§ I. — Origine et Nature des Associations totales

Il n'est au pouvoir de personne de vivre et d'agir dans un milieu, sans entrer en combinaison avec ce milieu selon une loi déterminée.

Milieu physique, milieu intellectuel, milieu sentimental, milieu moral, milieu pacifique ou belliqueux : du moment que nous y vivons, nous nous y mouvons, et entrons ainsi en rapport avec les éléments dont ils sont faits.

Nous avons constaté, historiquement, la nécessité de l'association sous toutes ses formes, lorsqu'il s'agit de milieux circonscrits, tels que la famille, le clan, la tribu, la nation. Nous avons vu que la forme de l'association avait évolué perpétuellement, tour à tour absolue et finaliste, absorbante et restrictive, mais toujours présente dans la vie des sociétés.

Il s'agit maintenant de découvrir la formule du rapport établi entre l'individu et le milieu universel.

Par la force des choses, chacun de nous est en contact, direct ou indirect, avec l'immensité de la réalité totale. Il serait puéril de prétendre se passer absolument de tout rapport avec un élément quelconque de cette réalité, qui nous enserre, se rejoint impérieusement au moindre de nos actes, et sollicite de nous, à tout instant, des réponses précises.

Mais, d'autre part, la vie consciente est limitée, et si nous avons, en fait, à donner une réponse pratique aux innombrables sollicitations du réel, notre réflexion individuelle ne peut nous fournir que des réponses relatives et toujours bornées.

Comment régler d'une façon profonde et durable ces rapports dont la plupart des phénomènes élémentaires échappent à notre conscience présente ?

A vrai dire, parce qu'il est impossible d'éviter toute réponse, l'histoire humaine est la suite ininterrompue des solutions que chaque individu a apportées au problème total qui s'offrait à lui.

Chacun a répondu à sa façon, plus ou moins fortement, plus ou moins consciemment. Une sorte d'étagement s'est établi entre les manifestations variées de cette vie supérieure, et les divers groupements, métaphysiques ou religieux, en sont sortis.

Les affinités de l'idéal réalisé par les consciences les plus pleines ont produit des groupements, des collectivités, des sectes, des églises.

On s'est assemblé naturellement autour du chef qui, dans ses actes, traduisait le mieux la relation de chaque conscience avec l'ensemble des réalités qui la dépassaient.

Peu à peu, chaque application particulière de la doctrine première ayant augmenté son capital vivant, de grands réservoirs de vie se sont constitués qui, faits des apports de chacun, ont indiqué à tous le chemin approprié.

Et c'est ce qui va souligner le caractère spécifique de l'association totale, métaphysique ou religieuse. On peut philosopher ou ne pas philosopher ; on peut discuter sur le problème religieux ou s'en désintéresser abstraitement ; on ne peut pas éviter ce que nous appellerons une « attitude philosophique ou religieuse ».

L'association partielle, finaliste, hétérogène, était le groupement parfaitement circonscrit de sociétaires conscients de leur but, sachant ce qu'ils voulaient, voyant clair, donc voyant limité et défini. Si je suis membre d'une Société de philosophie, j'y vais pour exercer mon esprit à des travaux qui conviennent à mon tempérament; par mon assiduité, mon esprit deviendra plus délié et plus apte à bien discuter. Il dépendra de moi de profiter plus ou moins des avantages spéciaux que je puis en retirer.

Mais le perfectionnement de la dialectique ne saurait être pour moi la cause efficace des décisions pratiques. Le raisonnement ne me fera jamais agir par sa seule influence; il faut, pour agir, un attrait sensible et un effort personnel que le meilleur syllogisme ne peut communiquer.

Si, au lieu d'exercer mon esprit, je cherche à développer ma force physique, en m'affiliant à une ou plusieurs Sociétés de sport, je parviendrai peut-être à endurcir ma résistance musculaire, mais une fois nanti, par des exercices répétés, de cette possibilité d'agir, le problème de l'action restera ouvert.

Le service militaire obligatoire, la vie en commun imposée aux enfants par la vie d'internat, tout ce qui oblige la volonté d'un homme à tenir compte de celle des autres, à se limiter, à modérer son élan égoïste est considéré comme excellent pour sa formation. L'« enfant gâté », celui dont on a toujours fait « toutes les volontés », est destiné à être sans grande force lorsqu'il aura à se mesurer avec les inévitables résistances de la vie. Au contraire, l'enfant, dont la volonté s'est trempée dès le début dans des initiatives proportionnées à son âge, peut faire, plus tard, un homme de décision et d'énergie. Mais dans quel sens va-t-il agir ? Prendra-t-il des décisions incohérentes et contradictoires ? A quoi lui servirait alors sa volonté forte, et deux actions énergiques qui s'annuleraient vaudraient-elles mieux vraiment que l'inertie des faibles ? Prend-il des décisions suivies ? Donne-t-il à sa vie une direction ferme et ordonnée? c'est qu'alors il a résolu à sa façon le grand problème ; il sait où il va, et il fait converger vers son but toutes ses forces, toutes ses qualités, tout son acquis.

De deux choses l'une : ou l'on prétend se donner à soi-même sa fin, sans tenir compte de la vie des autres et des expériences faites, et dans ce cas d'impossible isolement, c'est sur ce capital mort que les autres réaliseront leur plus-value. Ou bien, si l'on veut augmenter sa personnalité, l'enrichir, lui donner un surcroît de force et de vie, il est inévitable que chacun le demande aux diverses formes d'idéal déjà réalisé dans la vie des autres, à ce qui est extérieur à la personne pour le faire rentrer en elle et la rendre ainsi plus forte. Car si l'on veut admettre, avec les atomistes et les positivistes, que rien ne vient de rien, qu'il n'y a ni création de force, ni création de mouvement, il faut bien reconnaître alors que, l'enrichissement des uns ne pouvant se faire qu'au détriment et sur le compte des autres, l'homme qui veut rester enfermé dans sa tour d'ivoire, isolé orgueilleusement dans le dédain de la vie des autres et des leçons qui s'en dégagent, sera inévitablement la proie des énergies voisines.

Et si l'on croit à l'autonomie de la personne, si l'on croit au libre arbitre, à son caractère spécifique et indépendant, alors faut-il plus encore tenir compte de la vie des autres pour trouver à s'insérer, sans courir trop de risques, dans une mêlée dont l'indépendance est le prix et dont les antagonistes sont si bien armés.

Quoi que l'esprit pense, quoi que les muscles fassent pour accroître leur force, quelque bien trempé que devienne le caractère, tout ce que je pourrai tenter ne pourra me faire devenir meilleur et plus fort, qu'à une double condition : prendre mes directions hors de moi, dans une règle de vie déjà vécue, ayant déjà fait ses preuves, ayant donc subi le contrôle de la vie réelle, et, d'autre part, adopter une direction et m'y tenir, jouer la partie complète, dans une voie, le jour où j'aurai rencontré celle qui convenait à ma vraie personnalité.

L'association totale dont nous parlons maintenant est donc bien l'aboutissement nécessaire des autres. Elle est le théâtre de la grande guerre, que les associations partielles préparaient comme des manœuvres d'essai, en formant une à une les qualités qui font les bons combattants.

L'association totale sera représentée par toute religion établie qui aura eu ses fidèles, par toute doctrine philosophique assez forte pour avoir pénétré la vie de ses partisans, et lui avoir donné un pli particulier. Les Stoïciens étaient les disciples d'un philosophe; ils étaient eux-mêmes, pour la plupart, des philosophes comme Chrysippe ou Sénèque, mais ils vivaient leur philosophie, et le stoïcisme était une attitude de vie encore plus qu'une doctrine d'idées. On peut en dire autant des Épicuriens, dont les principes n'ont cessé d'inspirer des actes.

Plus près de nous, les Jansénistes apparaissent au premier abord comme des discuteurs, des ratiocinants ; il n'empêche que les solitaires de Port-Royal puisaient dans leurs idées des directions qui donnaient à leur vie et jusqu'à leurs moindres actes un esprit, un tour particuliers, qui les aidaient à vivre et les faisaient reconnaître.

La franc-maçonnerie, ou mieux les francs-maçonneries sous toutes leurs formes, peuvent, comme tous les groupements humains, donner lieu à des manifestations d'égoïsme, d'ambition ou d'intransigeance sectaire ; il n'en est pas moins vrai qu'une telle association, parce qu'elle a joué un rôle important dans l'histoire, parce qu'elle a marqué certains événements de son empreinte, parce qu'elle a des rites extérieurs, parce qu'on s'est battu pour elle et contre elle, est sortie du domaine de la raison pure ; elle s'est insérée dans l'activité des hommes, dans leur chair et dans leur âme, et son influence peut être nécessaire et féconde pour beaucoup de ceux qui en font partie.

Les nomades des grands chemins, les vrais Romanichels, ceux qui sont groupés pour toujours, peuvent être pris, à les examiner superficiellement, pour des mendiants plus adroits ou même de vulgaires pillards. Et pourtant, sauf le cas de quelques vagabonds dévoyés, que la paresse a poussés passagèrement à ce genre de vie, la plupart se rattachent à une sorte de nation organisée, unie par des traditions, une morale, prompte aux querelles intestines, mais farouche et solidaire contre les agressions des autres.

Ils ont un culte ; un pèlerinage annuel aux Saintes-Maries de Camargue, une façon à eux de recevoir les enfants à leur naissance et d'enterrer leurs morts. Ils croient à la supériorité de leur race, à leur rôle errant qu'ils chantent de père en fils, et ils trouvent dans le passé de leurs bandes une réponse pratique et rudimentaire aux incessants problèmes que la vie leur pose comme aux autres. Ils ont un point d'honneur spécial, qui entre eux fera fléchir parfois les suggestions de l'égoïsme brutal ; c'est, au plus bas degré de l'échelle si l'on veut, une association totale.

---

§ II. — Les rapports des associations totales et des États.

Quels seront donc les rapports de ces groupements avec la nation ? Jusqu'à présent l'État avait eu la prétention tenace de se les attacher en se les subordonnant.

L'antiquité, barbare ou civilisée, n'a guère connu que cette forme de rapport entre l'idée religieuse et l'État : que ce soient les cités grecques ou Rome, les Égyptiens ou les Carthaginois, les Celtes ou les Germains, il y a un culte reconnu qui fait corps avec l'organisation nationale : les Vestales, le feu sacré, la Pythie consultée officiellement dans les périodes de crise ou de danger extérieur, le grand prêtre gardien du manteau de Tanit, le gui sacré des vieux Gaulois, le Décalogue du peuple hébreu, sont autant de manifestations de l'idée religieuse faisant corps avec l'idée nationale.

Depuis l'ère chrétienne, des tentatives plus ou moins efficaces ont été faites par les différents pouvoirs sociaux pour rejoindre à nouveau sur la même tête le pouvoir politique et le pouvoir religieux.

Dans les pays musulmans, l'unité est encore complète : sultan de Constantinople, sultan du Maroc, schah de Perse, khédive d'Égypte, bey de Tunis sont des pontifes en même temps que des souverains.

Dans les pays Européens, plusieurs monarques chrétiens, le tsar de Russie et le roi d'Angleterre, par exemple, sont restés les chefs de la religion de leurs États.

Une telle forme religieuse rencontre des difficultés grandissantes. D'abord, s'il veut avoir une religion d'État, et n'en pas avoir que l'apparat, le souverain est amené à imposer une toise commune aux aspirations contradictoires de son peuple. Or la doctrine d'État ne vient ni d'assez loin, ni d'assez près. Créée pour résoudre le problème sans limites, elle apparaît à l'homme, dès l'origine, limitée par les frontières même de la vie et de la pensée nationales. Et d'autre part, chargée de résoudre le problème de la vie de chacun, elle laisse forcément sans réponses appropriées toutes les particularités de la nature individuelle, tout ce qui, à côté de ce qui rapproche les membres d'une même patrie, les laisse distincts les uns des autres ; tout ce qui, en chacun d'eux, relève de la personnalité.

De plus en plus, le mouvement des idées modernes tend à détruire cette forme religieuse surannée.

Quelques États avaient adopté une autre ligne de conduite. S'il est vrai que les religions nationales sont insuffisantes, il restait aux États d'adopter une des religions universelles, de la faire leur, de réaliser par elle l'unité morale de la nation et d'accepter comme un moindre mal cette base de leurs rapports. Louis XIV, par ses tentatives de gallicanisme, a bien montré le prix qu'il attachait à cette unité religieuse, espérant retirer, de la religion de la majorité de ses sujets, le maximum d'avantages, sans en subir trop d'inconvénients. La réfutation historique de cette prétention est inscrite longuement dans les convulsions qui agitèrent cette période. Une religion d'État, qu'elle soit purement nationale ou qu'elle soit l'adoption d'une religion universelle, aura toujours l'inconvénient irréparable de ne satisfaire qu'une partie de ceux dont l'harmonie est nécessaire à la vie générale.

C'est ainsi que l'État, se voyant impuissant à dominer la vie religieuse, a été amené à une autre attitude.

Tout le mouvement philosophique du dix-huitième siècle, depuis le contrat social de Rousseau, échafaudé dans l'abstrait par son auteur, et fait pour un homme idéalement conçu par lui, aboutit pratiquement aussi à la solution négative du problème. Jusque là, l'élan mystique partait de l'homme et se dirigeait vers l'idéal : idéal changeant, idéal imposé, idéal mal défini souvent, mais idéal extérieur et supérieur à l'homme vers lequel l'homme dirigeait, dans la mesure de sa bonne volonté, sa pensée et son effort.

A partir de la philosophie nouvelle qui devait marquer si fortement de son empreinte les événements politiques du temps, l'idéal se confond avec la personne humaine. La Déclaration des Droits de l'homme est la définition de l'idéal nouveau qui est en chacun de nous au lieu d'être hors de nous. La dignité humaine, l'inviolabilité humaine, les droits sacrés de la personne, voilà le but, le centre de la vie.

Jusqu'alors, sujets ou citoyens devaient s'incliner devant un idéal qui était pour eux un objet de respect, d'admiration ou d'amour. La religion nouvelle subordonnera tout à la divinité nouvelle ; le changement de perspective sera complet. Désormais le bien de l'homme, le bonheur de l'homme, la commodité de l'homme tendront à devenir le but suprême des efforts humains et tout corps religieux qui prétendra limiter ce bonheur sera combattu et défait dans la mesure où il le contrariera, et toute doctrine contraire à la théorie régnante sera suspecte et combattue par anticipation pour le mal qu'elle pourrait lui faire.

C'est ainsi que s'explique le caractère violemment antireligieux de la Révolution française et toute la série des mesures prises, dans le cours du dix-neuvième siècle et au commencement du vingtième, contre un retour possible des influences confessionnelles.

On commence par proclamer, dans l'abstrait, une neutralité officielle destinée à sauvegarder la liberté de la conscience humaine, et bientôt, parce que la raison de cette neutralité est encore en l'homme et n'implique le respect d'aucune réalité extérieure à lui, l'État, constitué d'après la religion nouvelle de la « déesse Raison », est amené à traiter en ennemies les manifestations humaines de tout idéal transcendant,

Sans doute, la suppression totale des cultes traditionnels ne dépasse pas la période violente des crises politiques. Mais si l'État nouveau est amené à desserrer un peu en leur faveur l'étau de ses principes absolus, c'est à la condition expresse et dans la mesure seulement où ils enseigneront les mêmes principes que lui. Un prêtre, un pasteur ou un rabbin auront toujours le droit de glorifier en public les vertus patriotiques, les qualités civiques ou militaires. Mais ils ne devront jamais aborder hors de leur église, de leur temple ou de leur synagogue, devant la masse anonyme et complexe des citoyens dont l'État se réserve la formation, la partie positive de leurs principes, celle qui, allant plus loin que le réel et le présent, pourrait projeter vers des réalités nouvelles et plus pleines, les bonnes volontés capables de se les assimiler.

Et ainsi tout le monde y perd, l'inertie gagne les cultes autant que l'État, l'État autant que les cultes.

L'État, enfermé dans une formule abstraite qui borne sa perspective aux réalités présentes, prenant le réel pour l'idéal, prive les citoyens du bénéfice des sources multiples d'où pourraient leur venir les meilleurs accroissemeuts.

Et chaque culte, célébré pour ses seuls fidèles, séparé des autres et de la vie nationale proprement dite par des cloisons étanches, armé pour la lutte négative et stérile au lieu de l'être pour une sainte émulation dans l'activité commune, est amené à tourner et retourner sans cesse les mêmes idées dans le même cercle, à remâcher des formules usées, à chercher son triomphe dans l'écrasement des adversaires mal connus, au lieu de le trouver dans la collaboration efficace des « bonnes volontés ».

---

§ III. — Critique de la métaphysique d'État.

Si pratiquement l'État ne peut se désintéresser du problème religieux, s'il ne peut combattre une église ou les combattre toutes qu'au nom d'une autre, et s'il ne peut se lier exclusivement à l'une sans compromettre la force et la sécurité qu'il a mission de sauvegarder, il reste qu'il doit leur faciliter la vie, entrer en sympathie avec elles, faire pour elles ce que la force des choses l'a amené à faire pour les associations finalistes. Il faut, de toute nécessité, individualiser l'universel et nationaliser l'individuel. Il y a un double mouvement dont il importe de découvrir la formule.

D'une part les individus seuls ont le pouvoir, en agissant, d'attirer la législation vers autre chose que son état présent ; et, d'autre part, il faut que la législation, en évoluant, continue de donner satisfaction à la masse complexe qu'elle doit régir tout en l'exprimant.

Que l'individu ait seul la faculté de faire du nouveau, d'ébranler la réalité sociale, de faire passer les velléités, à l'état de faits accomplis, c'est ce que nous avons examiné déjà. La nation qui est un composé et une résultante, ne fait rien, sinon par son élément agissant, qui est l'individu.

Si donc chacun ne peut agir, pour sortir des cadres tout faits, que sous l'influence d'une doctrine universelle et vivante, il faut aussi que cette doctrine soit personnelle. Une doctrine de vie totale n'est pas une codification purement arbitraire venue d'en haut et s'imposant sans discussion à l'activité de ses fidèles.

Elle n'a de force que si elle tombe sur un terrain favorable, de même que le terrain des actes novateurs ne peut fructifier et prospérer que sous l'influence de cette rosée venue d'en haut.

La qualité du terrain dépendra de bien des causes, de bien des influences, parmi lesquelles l'éducation première aura sans doute sa place, mais au nombre desquelles il faut compter aussi ces causes obscures, venues de loin, qui, pour avoir sommeillé longtemps, n'en deviennent que plus impétueuses et plus décisives, le jour où les circonstances leur fraient la route et leur montrent la lumière : " la terre et les morts ", ressentiments de famille mal apaisés, brusque réveil d'un scandale, subit attendrissement au souvenir d'une vie mal comprise et tout à coup révélée, regrets et remords, la personne est faite de tout cela, et c'est avec ce tout individuel que la doctrine universelle va entrer en combinaison.

Pour que la combinaison puisse se faire, il faut donc que des affinités préexistantes se manifestent. Nous n'avons pas fait notre personnalité première ; des influences indépendantes de notre volonté consciente nous ont constitués de telle façon pour ainsi dire malgré nous, et si plus tard nous emploierons notre activité à visiter notre propre bien, à le dénombrer, à le comprendre, à l'estimer et à le faire fructifier, la direction même de notre vie nous a été donnée, et aucune doctrine ne serait assez forte pour nous donner, de l'extérieur, ce dont nous n'aurions pas déjà en nous la virtualité présente.

« Nous naissons, écrivait Tarde, individus ou peuples, « avec une force de projection particulière comme les « astres, avec une impulsion propre qui nous vient du « cœur, du fond sous-scientifique, sous-intellectuel de « notre âme... Et quand il s'agira de modifier soit l'intensité, soit la direction de cette énergie intérieure, ce « n'est pas un théorème ni une loi physique ou physiolo-« gique, ni même sociologique qui aura ce pouvoir, « mais bien la rencontre individuelle ou nationale, dans « quelque rue de la vie ou de l'histoire, d'un nouvel « objet d'amour ou de haine, d'adoration ou d'exécration, « qui, du fond remué de notre cœur encore, suscitera de « nouveaux élans .» (Tarde, *Revue philosophique*, 1895, I, p. 162).

Chacun est appelé à prendre place, tôt ou tard, dans le corps de doctrine et de vie qui est fait pour lui, pour sa nature, sa vie et sa pensée ; et si beaucoup de vies sont manquées, ne le doivent-elles pas souvent à l'incompréhension persistante de leur propre réalité, de leur intime vérité ? Elles avaient souvent pris pour la vérité vraie un aspect fuyant de la logique humaine, ou pour un écueil l'inévitable obscurité de leur interprétation débile !

Pour citer un exemple présent à l'esprit de tous, n'est-ce pas le sens intime de la crise qui trouble si profondément les harems orientaux ? Même en tenant compte de la déformation poétique que l'auteur a dû faire subir à la matière première de son œuvre, il est inévitable que la toise commune et spécialement despotique imposée par la loi musulmane aux exigences et aux préoccupations féminines devait produire de tout temps des « désenchantées », et il est tout aussi naturel que les conditions nouvelles de la vie sociale, son caractère plus ouvert aux influences diverses entrecroisées, devaient amener ces « désenchantements » à se manifester au dehors et à parvenir jusqu'à nous, dussent-ils briser des cadres plusieurs fois séculaires.

Parmi ces femmes cloîtrées d'office, et souvent contre leur gré, il y avait celles dont la nature s'accordait avec les mœurs nationales. Celles-là devaient tout naturellement obéir aux lois du pays, y trouver des auxiliaires commodes pour leurs habitudes anciennes et définitives.

Mais les autres ! celles qui étaient faites pour l'air du large, pour l'indépendance et les libres initiatives! Comment pourraient-elles vivre leur vraie vie, jouer le rôle auquel elles sont destinées par leur caractère, leur tempérament et, en général, leur personnalité, si la loi tyrannique les isole et empêche, d'ailleurs, le développement, la propagation et la pénétration auprès d'elles du mouvement d'idées qui leur permettrait de prendre conscience de leur propre réalité ?

Mauvaises musulmanes, parce que la loi musulmane qu'elles connaissent trop ne leur convient pas, elles font mal tout ce qu'elles font, pour ne pouvoir pas connaître assez la doctrine vivante qui leur conviendrait.

Il semble bien, dès lors, que la multiplicité des doctrines doive être respectée comme la multiplicité même des nations.

En effet, la doctrine totale poussera l'individu à des actes nouveaux. Parce qu'elle va bien au-delà de la réalité nationale, elle sera le secret des soubresauts inattendus qui, brusquement, feront sortir un individu de la légalité et attireront sur lui les représailles pénales, tout en prenant place, une fois pour toutes, dans la masse qui, peu à peu fait et défait les mœurs souveraines.

Les mœurs réagissant sur la loi, celle-ci va se modifier sous leur pression lente ou prompte. Mais il est de toute nécessité que ses modifications soient elles-mêmes équilibrées, pleines et entières, profondes comme doit l'être son application. Tout le monde ne peut être un héros, et la sublimité des uns n'est-elle pas faite parfois de l'infériorité des autres?

Tout le monde a le devoir d'aller aussi loin que possible vers la vérité vivante, mais tous ne sont pas en fait sur le même plan. Il y a ceux qui, péniblement, par un effort méritoire de tous les instants se conformeront à la loi présente, et ceux qui, voyant cette loi, et l'approuvant, lui désobéissent ; il y a aussi ceux qui s'en écartent pour ne l'avoir pas encore comprise. Peu à peu, l'influence légale se répand, descend jusqu'aux pires criminels retardataires et les attire à elle. Quel que soit le niveau moral de ceux-ci, ils relèvent tous d'une doctrine totale, et ils ont en eux un pli personnel qui les rend assimilables à telle ou telle forme de pensée, à telle ou telle essence d'activité supérieure. Avant même que l'individu ait atteint par sa réalité vivante le niveau légal, il vivait, et il vivait dans une direction déterminée, ayant en lui à l'état du sommeil, si l'on veut, tout ce qu'il fallait pour atteindre les plus hauts sommets de l'action criminelle supérieure ; ce terrain tout préparé avait, qu'il s'en doute ou non, un aspect spécial, une qualité propre pour lesquels un seul genre de culture convenait réellement.

En un mot, chaque courant de pensée, chaque doctrine a des prophètes et des disciples plus ou moins conscients. Pour qu'une législation pénale puisse être vraiment riche et convenir à l'ensemble complexe d'une nation, il faut donc que toutes les tendances éparses dans le corps social y trouvent leur expression dans la mesure même où elles ne se nuisent pas entre elles.

Pour cela les précurseurs ont besoin d'avoir une dose suffisante de liberté pour faire fructifier dans la masse, par leur propagande, les affinités indispensables à toute réalisation. Car une idée ne peut se propager et s'étendre à tous que si, après avoir pris forme dans un cerveau supérieur, elle s'insère ensuite dans la masse par l'intermédiaire des affinités préexistantes.

On peut penser ce que l'on veut de la loi du divorce, il n'est pas moins certain que cette modification importante de notre législation, qui supprime, moyennant certaines formalités, le crime de bigamie, était désirée par une partie du corps social et un jour a paru nécessaire au législateur. Mais jamais cette tendance n'a pu s'exprimer assez fortement pour passer dans le domaine de la réalité, tant que la liberté d'existence et de propagande publiques a été refusée aux doctrines religieuses qui admettaient et comportaient cette réforme. Il a fallu d'une part que certaines formes de christianisme réformé aient eu à leur disposition les moyens légaux de propagande écrite ou verbale, et, d'autre part, que certaines sociétés secrètes fondées sur la libre-pensée plus ou moins théiste aient participé à l'exercice du pouvoir politique par l'intermédiaire de plusieurs de leurs membres, pour que cette tendance latente d'une partie importante de la nation ait pu prendre conscience d'elle-même d'abord, prendre corps ensuite et devenir assez forte pour pénétrer de haute lutte dans le code, la doctrine et la jurisprudence.

La personnalité n'attend pas pour exister que des actes la révèlent, puisque, nous l'avons vu, on peut toujours ignorer celle que l'on a.

Elle existe, constituée de telle ou telle façon, dans l'inconscient, mais elle existe dans le réel.

Or, s'il est vrai que l'héroïsme de la criminalité supérieure soit nécessairement le privilège de quelques-uns, encore faut-il que la flamme intime qui la provoque puisse correspondre librement, dans la masse, aux tendances qui attendent d'elle la vie et le mouvement.

Il ne faut pas perdre de vue que l'acte novateur va agir, plus ou moins lentement, et provoquer des nouveautés légales et pénales. Si une seule forme de pensée et d'action peut se donner libre cours, la législation tendra à devenir unilatérale, alors qu'elle doit être, pour les grandes comme pour les petites choses, omnilatérale. C'est ici le lieu de rappeler ce que nous avions indiqué en ce qui concerne les associations finalistes. Celles-ci, essentiellement faites pour coordonner les conquêtes légales déjà faites, font circuler entre leurs membres la force même de ce qui est collectif; chaque individu, parce qu'il fait partie d'un de ces groupes, devient plus fort, et chaque groupe, par le fait qu'il existe et qu'il représente un agrégat de forces individuelles entrecroisées, s'inscrit spontanément dans la réalité légale. Le jour où l'État proclame la liberté officielle de ces associations, il sanctionne un état de fait qui s'est imposé à lui. Chaque association, résumant en quelque sorte la vie générale par les personnalités synthétiques de ses membres, un jour vient où l'État est sans force suffisante pour la résistance ; il lutterait contre lui-même et se détruirait de ses propres mains.

En va-t-il de même pour les associations totales? Ces mêmes individus, membres d'associations finalistes multiples, relèvent, par leur nature et leur vie, d'une association qui les prend des pieds à la tête, corps et âme, régit leurs rapports plus ou moins conscients avec le mystère, et échappe pour toutes ces raisons à un entrecroisement ou à un fractionnement.

Les actes que cette association inspire prendront-ils place, comme les précédents, dans la réalité légale par la force même des choses ?

Parce que ces groupes sont, par définition, fermés, compacts, exclusifs, autoritaires, formant un tout distinct et séparé, parce que leur doctrine est à prendre ou à laisser, leur pensée s'imposera-t-elle nécessairement au législateur? Celui-ci peut appartenir et appartiendra souvent en fait, qu'il soit un ou multiple, à l'un de ces groupements ; il sera engagé de toute sa personne dans l'un d'eux. Et comme la pensée de chaque groupe est totale, c'est-à-dire faite pour s'adapter à la totalité du réel, ceci luttant contre cela, la pensée du législateur, s'appuyant sur une métaphysique, pourra résister à la pensée des autres et la tenir en échec. L'État, en face de l'association finaliste, était dans la relation du cerveau et des membres, tandis qu'adoptant une doctrine, il est dans la relation d'un cerveau par rapport à d'autres cerveaux. Le cerveau ne peut qu'enregistrer les sensations qui lui viennent des membres, quitte à les renvoyer en réflexes ou en actes réfléchis à ces mêmes membres qui n'ont qu'à obéir ; au lieu qu'un cerveau ne peut en faire fléchir un autre que par la persuasion, expression de concordances inconscientes et préexistantes. Si les pensées sont bien distinctes, elles restent contraires en fait et le conflit est sans issue.

Or qui ne voit le danger d'une métaphysique d'État, au point de vue spécial qui nous occupe ?

Au nom de son arrière-pensée tenace, le législateur refusera la réalité légale à tout ce qui lui sera contraire ; ayant le pouvoir et une doctrine, il donnera l'estampille légale à tout ce qui sera conforme à la doctrine d'État et écartera impitoyablement tout le reste.

Et alors, comme une doctrine totale déborde toujours par un certain côté la réalité légale, on verra les fidèles de la doctrine officielle sortir, autant qu'ils le voudront, des limites légales et faire actes de criminels. Il aurait fallu les punir, mais l'État bienveillant enregistre et légalise leurs actes. C'est l'histoire de ces lois de circonstances qui ne sont, au fond, que la justification légale après la lettre, mais avant la peine encourue, d'un acte illégal et souvent criminel émané d'un fidèle de la doctrine d'État.

Et tandis que la doctrine installée au pouvoir s'étend et dépasse bien vite sa période de vitalité positive, les autres doctrines se voient écartées de toute influence légale dans leur totalité.

En effet toute doctrine, représentant une forme de la nature et de la pensée humaines, contient une part positive et une part négative. La part positive, c'est l'ensemble des actes accomplis sous son influence. Toute doctrine de vie philosophique ou religieuse est inspiratrice de l'activité; elle n'est vivante qu'à ce prix. Les actes qu'elle inspire ont sa forme, sa couleur, son caractère; elles ont une coloration qui permet de les reconnaître; ce sera, selon les cas, la justice, la charité, la force, le sacrifice, la dignité. Ils sont inscrits pour toujours dans la réalité, et ils constituent, pour la doctrine qui les a inspirés, une sorte de capital inaliénable. La série de leurs conséquences va désormais se dérouler, sans que rien puisse les faire remonter vers leur source. Leur existence est bien définitive.

La part négative des doctrines résulte du coup de force fait par la raison pour conférer au relatif le rôle de l'absolu. Ce capital des actes, qui est la source profonde et insondable de la vie, est vu par chacun à travers une raison bornée, un cœur limité, une volonté personnelle. Accomplis par tout l'être et rejoignant l'infini du mystère, ils perdent déjà leur infinité en se dogmatisant ou se codifiant, et ils la perdent encore davantage lorsque les dogmes et les lois entrent dans les catégories individuelles de l'entendement ou de la morale pratique. Partis de tout l'être, mêlés à la vie générale, ils reviennent à l'individu à travers sa conscience relative, toujours inachevée, et c'est ainsi que chacun de nous, les voyant à sa façon, selon son tempérament, à la lumière provisoire de sa conscience présente toujours en formation, chacun mêle à un sens réel de l'infini des représentations dénaturantes et toujours inadéquates, ce qui fait que chaque individu est porté invinciblement à croire à la valeur absolue et exclusive de ce qui n'est, en grande partie, que son point de vue et son attrait préférés. Il s'ensuit que le point de vue des autres apparaît comme l'erreur, et leur objet d'amour comme une idolâtrie malfaisante parce qu'injustifiée et vaine.

Et pourtant, si l'on a pu dire que « dans toute erreur il y a une âme de vérité », ne peut-on pas dire aussi que « dans toute vérité humaine il y a une âme d'erreur ? » Et cette erreur ne commence-t-elle pas au point précis où la vérité se fait négatrice ? Et ne faudrait-il pas dire aussi que « tous les systèmes sont vrais par ce qu'ils affirment et faux par ce qu'ils nient ? »

Mon intelligence, qui est bornée, aperçoit une partie de l'infini qui la domine et d'où elle sent bien que la direction, la chaleur et la force lui doivent venir ; mon cœur, qui a des limites, répond dans la mesure de son étroitesse à l'immensité de l'amour qui s'offre à lui ; ma volonté attire à elle un peu de la force illimitée que lui envoie tout ce qui n'est pas elle. Mais à côté de moi d'autres pensent, aiment et veulent ; ils ont une autre forme de pensée, une autre qualité d'amour, une autre dose de volonté. L'individualisation de l'infini se fera pour eux autrement, prendra un autre aspect, d'autres contours ; ils agiront, et la source étant commune, ils feront comme moi un peu de bien et comme moi apercevront un peu de vérité.

Quelle folie serait celle du législateur qui aurait la prétention d'obliger tout le monde à voir, à sentir et à vouloir de la même façon ! Si la chose était possible, ce serait le rétrécissement progressif de la vie et l'arrêt brusque du progrès moral.

---

§ IV. — La neutralité positive.

N'oubiions pas que nous nous plaçons ici au point de vue de l'État et non plus à notre point de vue personnel. Il ne s'agit plus seulement de vivre notre propre vie, mais d'assurer le libre et complet développement de la vie de tous. Sur quoi se fondera le rôle de l'État? D'où viendra l'unité de son action ?

Les doctrines de vie complète diffèrent par les formules, par le cadre intellectuel et abstrait de leurs principes; elles diffèrent déjà moins par leurs prescriptions et leurs prohibitions précises. Mais elles se ressemblent toutes par un caractère commun : la bonne volonté nécessaire. Que l'on examine une à une toutes les sectes, toutes les églises, toutes les écoles de vie, dans chacune d'elles, il y a les bons et les mauvais fidèles ; les bons sont ceux qui ont la bonne volonté au moins apparente, les mauvais sont ceux qui ne l'ont pas, et cela est vrai en se plaçant au point de vue de chaque groupement. La bonne volonté est tellement la base essentielle et unique de toute vie morale que les cultes les plus intransigeants y font appel, où qu'elle se trouve, et attendent d'elle la conversion à leurs propres principes. La grande parole « Paix sur la terre aux hommes de bonne volonté » aboutissait, en un sens, à circonscrire le domaine de la moralité d'avant-garde, celui où germent les actes novateurs qui, s'il le faut, poussent vers des richesses morales nouvelles, par des crimes qui n'en seront bientôt plus, la grande association anonyme des volontés droites.

Cependant une bonne volonté, toute seule, ne ferait rien. Intimement liée à la raison, il lui faut des formules qui justifient et soutiennent son élan ; et il faut que ces formules correspondent précisément à l'ensemble de la personnalité de chacun. Les victimes des guerres de religion avaient, en général, des volontés droites ; elles sacrifiaient l'intérêt au devoir, et représentaient, dans chaque culte, la plus haute vie morale. Les mêmes héros, transplantés par force dans un culte différent, auraient souvent perdu l'équilibre de leur vie intime, et seraient devenus des criminels vulgaires. C'est en partie l'explication du caractère sanglant et pillard des plus profondes révolutions d'idées. On s'entretue et on se dépouille, parce qu'on veut tout ou rien, et que les partis rivaux visent tous les deux à l'entière souveraineté.

Une législation pourrait toujours arriver à réaliser plus ou moins pleinement la formule écrite d'un idéal particulier, et ce jour-là, que deviendrait l'évolution des idées et des mœurs ? Le progrès moral provient au contraire de cette vie morale diffuse, aux aspects multiples, qui, n'étant le privilège exclusif de personne, permet à la vie nationale et à son expression légale et pénale de s'enrichir sans cesse, en trouvant partout des sources qui ne s'épuisent jamais, parce que la vie circule librement entre elles.

Mais ce qui nous intéresse dans cette étude, c'est le rôle de ces associations supérieures dans les répercussions et les transformations de la criminalité supérieure. L'action criminelle accomplie ainsi contre la loi pénale sous l'influence d'une métaphysique personnelle rattachée à une métaphysique collective ne produira pas, sitôt accomplie, des résultats efficaces. Rencontrant des affinités individuelles, elle fera naître d'autres crimes identiques, et ceux-ci devront être nombreux, avant d'intéresser profondément les mœurs, et surtout la loi. Mais si une seule tendance métaphysique peut se faire jour pour régner en souveraine, ne faut-il pas craindre que l'évolution ne se fasse que dans un sens et que le problème criminel soit à jamais insoluble? Si l'avancement moral et social et par suite pénal ne se fait que dans une direction, il n'intéressera qu'une partie du corps social, ne trouvant ailleurs nul écho. Mais alors, c'est la stagnation suivie du recul. Ne serait-ce pas expliquer, en partie tout au moins, l'histoire de la si lente évolution des mœurs et des lois pénales ?

Jusqu'à nos jours, on peut bien dire que les États, prenant parti dans la concurrence métaphysique, ne se faisaient volontairement accessibles qu'à une forme de pensée, à une catégorie de la vie. C'est ainsi que, dans un même pays, toute une partie de la législation pénale, telle que la répression des crimes religieux, de l'adultère, de la trahison d'État, pouvait passer de la répression par la mort à l'impunité presque complète; et cela parce qu'une métaphysique avait succédé à une autre, aussi intransigeante que la première. Il n'y a pas de doctrine qui puisse toujours produire de la vie, si elle est seule à en fournir. Un jour vient où la poussée des actes est telle qu'elle brise les anciens cadres et installe les vainqueurs à la place des vaincus. Ce jour-là, une crise profonde se produit qui stérilise bien des efforts ; le vrai est compromis comme l'erreur, le bien comme le mal, l'utile comme le nuisible. On a changé de vérité comme on a changé d'erreur, et l'on peut se demander où est l'enrichissemen.t

Il faut comprendre que le progrès pénal ne peut se faire que par la suppression complète de la métaphysique d'Etat. L'État le peut, il le doit, et il le réalise chaque jour davantage. Il faut que les actes supérieurs puissent s'accomplir et s'accomplissent en fait sur tous les points de la vérité morale, pour que le progrès soit vrai profond, durable. pour que le gain d'un peu de vérité sur un point ne soit plus perpétuellement compensé et détruit par la perte d'une autre parcelle de la vérité commune, et pour que vienne enfin le jour où telle criminalité supérieure perde son caractère de criminalité.

Bien entendu, il ne saurait être question de laisser aux divers groupements religieux ou philosophiques la complète liberté de se développer selon leurs principes. Historiquement, il ne semble pas qu'il y ait jamais eu d'exemple d'une doctrine qui, dans son application, ne se soit heurtée à une prescription ou à une défense légales.

Lorsque le célèbre Gagne recommandait, dans son Unitéide, la philanthropophagie qui était la destruction anthropophagique des septuagénaires par les jeunes dans l'intérêt des deux parties, l'expansion de sa doctrine devait rencontrer une limitation nécessaire dans les justes lois...

L'exemple le plus fréquemment cité est celui des ordres monastiques et des associations congréganistes en général. Il y a, entre eux et les États, une cause toujours latente de conflits, parce que les conséquences économiques de l'État congréganiste, dangereuses dans leur exagération pour le pouvoir politique, apparaissent aux membres de ces associations comme découlant du droit naturel.

L'État s'inquiète à bon droit d'une situation spéciale qui, si elle se développait indéfiniment, risquerait de compromettre les droits des autres, en limitant l'indépendance du pouvoir politique, protecteur-né de tous les éléments de la nation.

Mais, s'il faut ramener de pareils groupements dans les limites du sort commun, encore doit-on leur en conserver le bénéfice. En pareil cas, aller au delà, c'est faire œuvre d'Etat métaphysicien, d'État ayant pris parti dans le problème des Églises ; c'est combattre l'une par les autres ou par une autre.

Et si l'on nous objecte que la même défiance légale devrait se manifester à l'encontre de tous les groupements religieux, nous dirons que l'État se réfugierait ainsi dans une neutralité qui ne représenterait plus, à des degrés divers, qu'une hostilité s'étendant à toute expression de la vie et de la pensée religieuses.

Et ici, il importe de souligner expressément notre pensée.

Il est une première forme de neutralité que nous appellerons la neutralité agressive, et qui n'est qu'une des manifestations, souvent la plus tenace et la plus intransigeante, de la métaphysique d'État. C'est celle qui consiste à vouloir imposer une formule déterminée de tolérance qu'il faut accepter telle qu'elle est, sous peine de se voir combattu et gêné dans la pratique du culte ou de la doctrine dont on relève.

Il y a une neutralité d'indifférence qui est, dans une certaine mesure, une garantie de liberté pour les cultes organisés et les formes diverses de l'association totale. Il est des États, exclusivement soucieux de leurs intérêts matériels, qui donnent effectivement la liberté aux associations philosophiques ou religieuses parce qu'ils veulent les ignorer et n'aperçoivent pour eux-mêmes aucun intérêt pratique à s'en occuper.

C'est la phase que traversent la plupart des pays neufs.

Tout le monde sait à quel degré de liberté religieuse est parvenue la République des États-Unis de l'Amérique du Nord. Chaque culte occupant la même salle, à son heure, parfois deux cultes très différents séparés par une mince cloison ou un simple rideau, et pour chacun d'eux les libertés communes, liberté de réunion publique, liberté de propagande publique, liberté de processions publiques, avec déploiement d'insignes et de bannières dans les seules limites de l'ordre public, sous la protection commune de la police d'État.

Il y a enfin une neutralité agissante, qui est foncièrement sympathique à toute expression consciente et sincère d'une conviction religieuse ou philosophique.

Un fait très significatif se produit en ce moment en Angleterre. Le serment royal comportait jusqu'ici, en même temps que la promesse de rester fidèle à l'Église anglicane, l'affirmation désobligeante du caractère idolatrique et superstitieux de l'Église romaine. Le gouvernement libéral de M. Asquith a fait modifier la formule du serment, d'où disparaît la partie négative et agressive, mais où est maintenue la partie positive d'affirmation confessionnelle. C'est un pas vers la vraie neutralité. L'État révolutionnaire, tel que la République portugaise nous en donne aujourd'hui l'exemple, aurait supprimé tout serment religieux. L'État nouveau, tel qu'il doit sortir de l'associationisme grandissant, ne supprime pas le serment, mais l'élargit pour le rendre extensible à toutes les formes de la pensée religieuse.

La crise religieuse espagnole est une autre manifestation du même mouvement. En Espagne, c'était l'église romaine qui était privilégiée, et les autres cultes traités en suspects. A propos d'un mince incident diplomatique, le chef du gouvernement, M. Canalejas, a pu faire faire à la loi espagnole un pas vers la vraie neutralité. Sans enlever à l'église régnante aucune liberté essentielle, il a développé la liberté des cultes dissidents, en leur permettant, pour la première fois, de manifester leur existence par des emblèmes extérieurs.

Guillaume II de Prusse, empereur luthérien, est allé plus loin encore dans cette voie et a su trouver, à maintes reprises, dans son sens des intérêts généraux de son peuple, le moyen de réaliser un peu de vraie neutralité. Plein d'encouragements pour ses coreligionnaires, il est plein de déférence et de respect public pour le chef de l'église romaine. S'il veut étendre son influence en Orient, il affirme la hauteur de son patriotisme en se faisant représenter successivement aux inaugurations d'hospices luthériens et de monastères catholiques, et ses discours sont toujours empreints d'un esprit religieux qui ne peut qu'unir ses sujets dans un élan commun.

En France, les lois récentes des associations et de séparation des Églises, quelque tournure que l'esprit de parti ait pu momentanément leur donner, recèlent, dans les principes qui les ont dictées, la solution positive du problème religieux et la source de la véritable neutralité. Il faut les comprendre, s'habituer à leur mécanisme, faire en somme l'apprentissage patient de la liberté, et peu à peu, dans ces cadres nouveaux, une vie intense et profonde va circuler.

Quel que soit l'esprit dans lequel elles ont été votées, leur application dépendra désormais de l'élan plus ou moins cordial de l'État vers toutes les associations visées par les formules nouvelles.

Ce n'est pas une législation de faveur qu'il leur faut, mais une liberté qui leur soit assurée par une disposition pleinement, logiquement et volontairement sympathique de l'État vis-à-vis d'elles.

Il faut que l'État soit d'une neutralité positive, qui, en toutes circonstances, demeure la garantie d'une interprétation toujours bienveillante de la loi commune au bénéfice des multiples sources d'idéal qui conditionnent son progrès indéfini.

Que si on nous objecte que certaines doctrines vont à l'encontre des principes fondamentaux de la morale sociale, nous dirons que nous ne sollicitons pas du législateur qu'il multiplie les formules légales au point de leur faire exprimer directement les principes variés et, dans une certaine mesure, contradictoires des doctrines et des cultes. Mais nous demandons que l'esprit public soit suffisamment averti de ses intérêts essentiels pour que la loi commune, quelle que soit sa formule spéciale et limitative, soit toujours appliquée dans un esprit de bienveillance et de sympathie efficaces pour les associations supérieures. Ce n'est pas la loi qu'il faut améliorer, mais son mode d'application qui doit devenir pleinement généreux et accueillant pour toutes les manifestations sincères de l'idéal métaphysique et moral.

En définitive, une législation de liberté, comme la législation française actuelle, peut rester ce qu'elle est. L'effort doit porter sur toute cette zone indécise de l'interprétation, région des contours et des soudures, où naissent indéfiniment les contestations et les procès.

C'est dans cette expression continuelle de la vie quotidienne que la rénovation de l'esprit public, dans le sens d'une sympathie promouvante, peut transformer profondément les réalités et, dans les cadres abstraits de la même législation, faire luire le soleil vivifiant où règnait l'ombre mortelle.

Il faut donc que l'État s'habitue à respecter vraiment, à promouvoir par tous les moyens possibles ces grandes associations religieuses dont les principes divers, d'apparences souvent contradictoires, sont nécessaires à l'éclosion des actes utiles et bons. Qu'il les respecte et leur facilite la vie à toutes, sous l'égide et la seule garantie de la loi commune, parce que les mêmes bonnes volontés qui collaborent au bon ordre et au progrès sociaux quand elles peuvent s'alimenter chacune où il leur plaît et où il leur convient, sèment entre elles la ruine et la mort, quand elles sont expulsées par la force des cadres traditionnels, acquis ou retrouvés, qui étaient faits pour elles.

L'État, c'est trop souvent le présent qui se défend contre le passé et contre l'avenir, au lieu d'être tout le passé en marche vers tout l'avenir. La vie, c'est le mouvement, et pourtant, l'effort même qui assure la vie répugne et provoque la douleur. La vie de l'État, son mouvement propre, c'est le progrès, mais un progrès qui doit être un gain, un apport nouveau, au lieu d'être un changement ou une substitution.

Le convalescent qui veut revenir à la pleine santé, a de la peine à respirer, à marcher, à digérer, à lire, à réfléchir ; tout ce qu'il faisait jadis, sans y penser, se fait plus difficilement et au prix d'une douleur diffuse, et pourtant, il le fait parce qu'un impérieux instinct lui fait surmonter la multitude des sacrifices nécessaires à la restauration de ses forces. Il sait que tout doit reprendre sa place, que chaque fonction est utile, et s'il cesse de s'occuper exclusivement de l'organe malade, c'est pour mieux s'occuper de tous.

Il en est de même pour l'État. Au lendemain des grandes crises, il faut que tout reprenne en lui sa place relative et que reprenne aussi l'incessant mouvement nécessaire à sa vie comme à celle des individus. Un instinct tout aussi sûr doit amener les États à laisser l'air leur venir du large et, avec lui, toutes les sources lointaines d'où peut s'écouler vers eux la vie nouvelle. Que si des secousses se produisent, si l'afflux de la nouveauté vivifiante produit les douleurs provisoires de la criminalité supérieure, douleurs pour celui qui les provoque comme pour celui qui les reçoit, le mouvement vaincra en fin de compte l'inertie, parce que l'effort, s'il ne va pas sans douleur, est aussi l'inéluctacle loi de la vie.

L'État, après une défiance passagère, ira de plus en plus consciemment vers ces grands corps métaphysiques organisés, riches pour son avenir de toutes les conquêtes de leur passé, et la sympathie lui viendra pour eux de la force même qu'il en recevra.

CONCLUSION

Il semble bien résulter, de l'étude de l'action criminelle prise en elle-même, dans sa réalité objective, qu'elle est par dessus tout une révolte contre la loi pénale présente, révolte du passé ou révolte de l'avenir. Que ce soient le malfaiteur qui trouve son sort détestable et prétend l'améliorer aux dépens des autres ou l'apôtre qui trouve l'humanité mauvaise et veut la rendre meilleure au prix de sa propre tranquillité, le criminel est l'ennemi du présent, et le combat selon ses vues et selon ses moyens.

Mais si nous avons pu, par l'analyse, décomposer la réalité sociale, voir en elle les malfaiteurs et les héros, les associations finalistes et les associations totales, il ne faudrait pas prendre l'analyse pour la vie elle-même qui, dans sa réalité, est synthétique.

En fait, chacun appartient à un certain nombre d'associations finalistes, mais les courants qui circulent à travers celles-ci sont multiples, contradictoires, varient selon les périodes et les régions, et parce qu'il n'y a pas de cloisons étanches, il n'y a pas de tendance qui n'ait été combattue ou qui cesse de l'être. La personnalité nouvelle est faite, dit-on, de la synthèse spéciale d'associations spéciales qui s'entrecroisent sur la tête de chacun : mais peut-on prétendre, en fait, échapper totalement à l'influence plus ou moins lointaine d'une collectivité de fait? D'autre part, chacun se rattache plus ou moins consciemment à une école ou à une église; mais qui peut se flatter d'agir ou de penser sous l'inspiration exclusive du culte ou de la doctrine qu'il a choisis ou qu'il a reçus? De telle sorte que, faites pour régir la personne dans sa totalité, les associations totales finissent par être des associations partielles, tandis que les associations partielles, faites pour régler une partie de nos actes, attirent à elles, trop souvent, l'activité totale en la rétrécissant à la mesure de leur horizon limité.

Des affinités prépondérantes nous font prendre place dans tel ou tel corps de métiers, dans tel groupe artistique; mais on ne peut admettre une cohérence absolue, une adaptation parfaite de la partie au tout, du composant au composé, de l'associé à l'association, du fidèle à la doctrine.

Dès qu'on sort de l'analyse, c'est-à-dire de l'abstrait, on se heurte à ces parties secondaires de la personne, à ces déchets de l'activité qui, parce qu'il fallait bien opter pour agir, ont dû être laissés de côté, mais qui n'en restent que plus vivants pour les actes futurs, ayant conservé leur pleine force.

Il n'y a pas deux individus identiques, et lorsqu'ils se groupent pour un but lointain ou proche, total ou partiel, c'est toujours au prix d'une sélection plus ou moins intelligente, d'autant plus éclairée qu'elle sait dégager avec plus de discernement la partie forte de la partie faible, la pensée profonde du rêve superficiel et transitoire.

Et pourtant, la partie écartée existait en nous, elle y a joué un rôle, tenu sa partie, et rien ne peut faire qu'elle ne produise ses effets malgré nous, rejoignant même, à notre insu, les collectivités dont elle relève et dont elle est en nous la persistante harmonique.

C'est assez dire que si, en matière sociale, on peut transformer, on ne peut guérir tout à fait, et la seule question pratique que l'on puisse se poser est celle de savoir si, pouvant tranformer les mœurs, on peut les améliorer d'une façon durable.

Telle est la dernière question, dont la solution éclairera sans doute d'une plus complète lumière le problème de l'évolution pénale.

Le progrès réel est-il possible ou n'est-il qu'une chimère? Le capital moral de l'humanité est-il le même aujourd'hui qu'aux origines du monde? Peut-il être augmenté? ou n'est-il qu'une masse identique dont les éléments se répartissent de diverses façons, sans s'accroître ni se multiplier?

Force nous est bien d'aborder, par là, les rapports de la morale et du droit pénal.

Le crime résulte de la méconnaissance de la loi générale par une volonté individuelle. Parce que la loi pénale influe sur la volonté en même temps qu'elle en résulte, nous n'avons cherché, en abordant le problème criminel, qu'à rapprocher ces deux termes, à favoriser leur compénétration. Par le développement des associations intermédiaires, nous ne pouvions que réaliser ce vœu de plus en plus largement, en rendant à la fois la réalité individuelle, de plus en plus semblable à la réalité sociale, et celle-ci, de plus en plus semblable à la première. Mais le problème restait ouvert. On peut supposer un individu obéissant parfaitement aux prescriptions de la loi pénale établie, respectant sa lettre et se pénétrant de son esprit par la pratique, mais on peut plus difficilement imaginer une loi pénale reflétant fidèlement toutes les tendances du corps social. Le plus souvent, elle respecte les unes au détriment des autres, et si, par impossible, elle tient la balance égale entre toutes et s'efforce plus ou moins adroitement de favoriser leur développement simultané, elle les résume, les combine, opérant un triage qui l'oblige à prendre un peu de chacune pour laisser de côté, par un effet complémentaire, un peu de chacune aussi. Et cela, parce que le capital individuel est constitué sur une incommensurable réalité, tandis que le capital social est pris sur le seul capital individuel.

Parce que la loi pénale est une limitation nécessaire de l'individu, elle apparaît comme une formule pratique dans laquelle tout individu peut s'insérer.

Inversement, il est vrai de dire que l'individu, étant extensible à la vie universelle, ne peut donner à la vie collective et à la loi pénale qu'une partie de lui-même, celle qui se trouve correspondre, au moins provisoirement, à la force sociale capable de s'imposer au législateur.

Nous aboutissons ainsi au dilemne final.

Nous voyons bien que la pénalité se déplace, évolue plus ou moins lentement, mais sans cesse. Nous constatons l'influence de la vie d'association sur le développement ou la diminution de la criminalité. Nous voyons bien que, tour à tour, les grandes doctrines morales poussent les législations dans des directions différentes, selon les hasards de la vie et des influences sociales ; la tendance individualiste remplaçant la tendance corporative, et supplantée à son tour par la tendance syndicaliste, une religion d'amour remplaçant une religion de justice, une philosophie de l'immanence se substituant à un absolutisme transcendant. La stagnation dans une même forme ou dans une même formule, parait bien impossible à réaliser, ni à désirer. Mais s'il est vrai, comme le dit M. Durkheim, que « toute morale est un système organique dont les parties sont solidaires » et si « le moindre changement que l'on y introduit en trouble toute l'économie », si donc les résultats moraux, *a fortiori*, les résultats pénaux se succèdent et ne s'ajoutent pas de façon durable les uns aux autres, dans quel sens faut-il entendre l'évolution pénale ?

Nous avons voulu soumettre l'action criminelle à la double épreuve de la loi de conservation et de la loi de progrès. Nous avons vu quelles mesures pourraient assurer l'exécution plus normale des lois pénales établies. Mais si l'évolution nécessaire n'est qu'un passage vers autre chose, et non vers le mieux, l'évolution pénale a-t-elle un sens ? Tant d'héroïsme était-il si utile ? Si chaque doctrine a successivement son rôle à jouer, et si chacune voit tour à tour ses résultats contestés et compromis par ses rivales, vaut-il la peine de s'occuper de l'évolution pénale autrement que pour la constater et en déterminer le sens par l'analyse ?

Et pourtant que d'efforts dépensés ! Que de bonnes volontés manifestées par des actes et des sacrifices depuis l'origine des sociétés! que de martyrs de l'idée! que d'existences offertes en holocaustes à l'évolution morale et pénale!

Faut-il se réfugier dans cette pensée consolante que ce qui est fait est fait, et que rien n'est assez fort pour réduire à néant une force quelconque, lorsqu'elle s'est une fois manifestée?

Ce serait le progrès obligatoire, et nous savons bien que la société est comme l'individu: elle peut avancer ou reculer, croître ou décroître, gagner ou perdre. Une doctrine totale et absorbante, si elle prétend effectivement devenir le cadre impératif de la loi pénale, vise à détruire ce que la doctrine précédente avait patiemment édifié. Voulant être unique maîtresse, elle expulse violemmen le précédent occupant. C'est la loi pénale déplacée, et avec elle l'action criminelle, sans que celle-ci, dans l'ensemble, devienne moins fréquente.

Tant que le législateur pénal sera pleinement solidaire d'une doctrine, les partisans des doctrines délaissées ou prématurées se sentiront tenus de combattre la doctrine régnante, non seulement par les divers genres de propagande, mais par leurs actes.

A leurs yeux, le crime supérieur, destiné à briser les anciennes formes pénales et à imposer les nouvelles, apparaîtra comme nécessaire.

Mais il y aurait à établir aussi que ce crime supérieur, si désintéressé qu'il soit, outre qu'il est un mal en lui-même, pour les raisons énoncées plus haut, l'est bien plus encore par toute la criminalité inférieure à laquelle il va forcément donner naissance.

Tant que la réalité pénale défendra ses positions et trouvera un appui suffisant dans le corps social, le crime supérieur sera un crime et justifiera la répression. Mais le jour où il aura décidément imposé la doctrine qui l'inspire, il ne faut pas supposer que tout le monde suivra les directions nouvelles sans résister. Tel, qui avait péniblement adapté son sens moral et social à la loi précédente, va lentement et difficilement se plier à une nouvelle transformation. A peine honnête homme, une nouvelle crise pénale le rejette dans le monde des révoltés. C'est tout un équilibre à retrouver.

Est-ce que, indéfiniment le problème va fuir ? Le criminel d'aujourd'hui sera-t-il toujours l'honnête homme d'hier et de demain? L'action criminelle évolue-t-elle nécessairement dans un éternel relatif? Et ne devons-nous pas chercher, en définitive, s'il n'y a aucun moyen de progresser socialement et absolument sans qu'un progrès corresponde à un recul ?

Nous admettons volontiers que toute doctrine a un rôle à jouer, une utilité à produire. C'est l'aspect positif, attirant, celui par lequel chacune s'impose à son tour au corps social. Quand l'une d'elle a régné, à l'exclusion des autres, pendant une certaine période, elle a montré tout ce qu'elle contenait, et a donné peut-être tout ce qu'elle pouvait donner. Parce qu'elle voulait régner seule, elle combattait ses rivales, et il lui était interdit de puiser un surcroît de force et de lumière à une source étrangère. Elle était donc forcément et irrémédiablement circonscrite à ses propres frontières, vouée à l'inévitable stérilité.

En effet, si une doctrine peut indéfiniment produire de la vie, en se mêlant à la vie générale, et en entrant en combinaison avec les autres sous mille formes diverses, elle ne peut que mourir de sa belle mort, si elle se replie jalousement sur elle-même.

Nous savons que, par l'entrecroisement des formes de la vie de société, chaque personnalité subit le retentissement de la vie générale, des actes, des sentiments, des idées et des efforts de tous. La personne est faite de tout cela, et si le législateur refuse systématiquement tout rapport avec les réalités qui lui déplaisent, celles-ci seront, pour la législation sortie de son cerveau, autant d'ennemis implacables qui finiront par la submerger et s'y substituer.

Tant que le législateur liera partie avec une doctrine contre une autre, chaque gain sera compensé par une perte, parce que la doctrine régnante se verra privée de toute communication enrichissante, et parce qu'une doctrine est comme toute abstraction qui ne peut contribuer durablement à la vie que par le contact permanent avec l'inépuisable réel.

Il faut donc obtenir une législation qui ne soit plus le triomphe d'un parti sur un autre parti, d'une doctrine sur une autre doctrine, d'une métaphysique sur une autre métaphysique.

Et pour aboutir à ce résultat, unique source possible des vrais progrès sociaux, ce n'est pas une idée nouvelle de son devoir qu'il faut chercher à développer dans l'esprit du législateur. Toute idée est partielle, restreignante, critiquable par quelque côté. Il faut que les nouveaux rouages sociaux développent en lui, pour ainsi dire malgré lui, et sans qu'il en aperçoive la trame, le sens actif et vivant de la liberté.

Lorsqu'il s'agissait de rechercher les moyens de faire disparaître le crime des retardataires, nous avions conclu à la nécessité de développer les associations finalistes, et nous disions : « En obligeant chaque individu à « obéir à une multitude de disciplines partielles, nous « créons en lui le sens général de la discipline, et le jour « où la nation réclamera une obéissance plus haute, « celle ci sera plus générale parce que plus facile et plus « spontanée. »

Nous disons maintenant : « Il ne suffit pas qu'un « certain niveau légal soit atteint, pour que règne une « paix durable. La vie est dans le mouvement, et en « matière sociale comme ailleurs, l'être ne tend à occuper « une position que pour la dépasser. En matière pénale, « le progrès ne peut procéder que des associations « embrassant l'être total et faites pour le régir en sa « dernière intimité ; seules les associations métaphy-« siques, philosophiques ou religieuses, seront assez « riches pour promouvoir sans fin le progrès social. « Mais ces associations, humaines par un côté, seront « multiples comme les aspects même de l'humain. Cha-« cun de leurs fidèles, ne voulant voir en elles que « l'aspect infini, sera porté à imposer aux autres sa « manière de voir, sans tenir compte de cette face rela-« tive dont chacun de nous est trop solidaire pour « l'apercevoir clairement. D'où le crime d'essence supé-« rieure, le crime par devoir social qui, chaque fois

« qu'une loi pénale, exclusive et unilatérale, aura pré-
« tendu se faire l'expression et comme la formule exécu-
« toire d'une métaphysique déterminée, apparaîtra com-
« me nécessaire, non-seulement aux fidèles des doctrines
« dissidentes, mais un jour ou l'autre, à tous les esprits
« indépendants.

« Il apparaît qu'aucun progrès ne serait durable et
« positif, si indéfiniment, les gains étaient compensés par
« des pertes, et l'avancement sur un point par un recul
« sur un autre. Il faut que disparaisse peu à peu la crimi-
« nalité supérieure, et puisque le législateur sera lui-
« même toujours trop lié au problème qu'il est chargé de
« résoudre pour en apercevoir rationnellement la solu-
« tion, il faut recourir encore à un rouage bienfaisant
« qui, par sa force propre, tende à réaliser le résultat
« désiré, pour que disparaisse peu à peu la criminalité
« supérieure; il faut que chaque forme de pensée, chaque
« nuance de doctrine, chaque école philosophique, cha-
« que tendance métaphysique ou religieuse puissent, en
« toute liberté, s'exprimer et communiquer le meilleur
« d'elles-mêmes à la formule légale. La liberté est comme
« la discipline. Elle n'est pas une qualité que le législa-
« teur puisse acquérir du dehors par une vue de l'esprit,
« mais une résultante d'un état de fait qui favorisera son
« éclosion. On pourrait répéter indéfiniment que la liberté
« est chose bonne en soi, qu'il faut en avoir le sens et en
« faire bénéficier le milieu social, sans qu'un pas soit
« jamais fait vers la réalisation de la liberté. Ce qu'il faut,
« c'est que la société soit organisée de telle sorte que la
« liberté soit octroyée par le législateur, sans même qu'elle

« résulte chez lui d'une vue claire de la raison. Or, nous « disons que le développement de l'association intermé- « diaire doit faire en haut, pour la liberté, ce qu'il a fait en « bas, pour la discipline sociale. En entrecroisant de « multiples associations sur chaque tête, la complication « sociale, d'une part, amène peu à peu chacun à obéir « plus volontiers, mais elle oblige aussi le législateur à « devenir pratiquement plus accueillant pour toutes les « formes de la vie sociale, parce que cette libre circula- « tion, favorisée par l'état nouveau, ne peut se borner à « intéresser les individus; elle gagnera, par la force des « choses, la réalité légale, qui ne peut que revêtir progres- « sivement les caractères généraux des vies individuelles « dont elle procède. Les qualités des parties s'étendront « au tout. »

Donc, développement du sens de la discipline, chez les individus, développement du sens de la liberté, chez le législateur, et diminution simultanée de la criminalité inférieure et de la criminalité supérieure : telle est la riche perspective que nous procure le développement de l'association finaliste.

C'est elle qui, en fin de compte, nous paraît recéler la vraie solution du problème complet de l'action criminelle, étant le nerf intime et commun de la vaste synthèse qui doit réaliser l'harmonie entre les associations totales, dont chaque individu relève, et le milieu social, qui les contient toutes et tous.

Il faut le répéter : le but à atteindre, c'est la plénitude de la vie individuelle et de la vie sociale se conditionnant mutuellement.

Que fait en somme le législateur ? Il fixe, il précise, il révèle au corps social ses tendances latentes. Toute idée réalisée par le législateur était répandue déjà dans la société, plus ou moins impérieuse, d'une importance relative plus ou moins grande, mais d'une existence certaine et d'une répercussion indéfinie. Tout le monde avait subi plus ou moins son influence lorsque la loi, en la consacrant par une formule rendue publique, en a révélé l'existence à ceux qui la vivaient un peu sans le savoir, de la part de ceux qui souvent la connaissaient mieux tout en la vivant moins. A côté de cette tendance, d'autres existent, qui réclament leur place au soleil. Mais il faut que toutes puissent y trouver leur place relative, et, pour cela, il faut que toutes fassent généreusement le sacrifice de leur suprématie. Autrement dit, la vie sociale, comme la vie individuelle, est un vaste contenant où la conscience doit faire rentrer peu à peu la réalité inconsciente.

L'inconscient vit en harmonie, parce que toutes ses parties solidaires sont à leur place et acceptent implicitement toutes les limitations qui leur viennent les unes des autres.

Le conscient, parce qu'il est borné par nature, est invinciblement porté à nier ce qu'il ne voit pas ou ce qu'il voit autrement, ayant les promesses de l'infini, sans avoir l'infini lui-même.

Le domaine de la conscience est sans limites assignables dans l'avenir, quoique perpétuellement limité dans le présent, et c'est ainsi qu'au nom de sa réalité provisoire, le conscient prend pour la vérité absolue ce qui n'est qu'une partie de la vérité.

Tant que les êtres conscients, livrés à eux-mêmes, méconnaîtront ainsi l'inévitable relativité de leurs réalisations, il n'y aura pas de progrès profond. Il n'y aura que des changements, des transformations ou des évolutions plus ou moins provisoires.

Une législation pénale ne capitalisera vraiment que si elle procède d'un organisme nouveau qui opère par sa vertu propre, ce que les êtres conscients sont incapables de comprendre par eux-mêmes.

Pour qu'une législation pénale progresse, pour qu'avec elle les individus avancent de tout leur être vers un état meilleur, il ne faut pas qu'une tendance nouvelle se fasse jour au détriment d'une autre, qu'une qualité soit acquise en remplacement d'une autre, nécessaire comme elle. Il faut que désormais ce qui est acquis soit acquis. Si les sacrilèges étaient punissables autrefois, qu'ils soient toujours punis dans la mesure où ils doivent l'être; si les adultères méritent un châtiment, qu'ils subissent toujours celui qui est proportionné à la gravité de leur infraction. Il y aura double travail à faire : éliminer certaines peines, augmenter certaines autres, travail qui sera facilité par l'état social nouveau.

Ce qui doit disparaître, ce sont ces modifications de la législation pénale qui, pour une même action, vont de la mort à l'impunité.

L'histoire nous montre que telle était pourtant la réalité pénale : tout a été permis ou défendu, parce que, plus ou moins lentement, les systèmes généraux remplaçaient les systèmes généraux, et que la réalité de la veille se trouvait détruite par la réalité du lendemain.

Il faut donc obtenir qu'une prescription pénale soit à sa place et garde la mesure convenable pour qu'elle puisse être considérée comme une acquisition définitive de la conscience nationale.

Et pour cela il n'y a vraiment pas d'autre solution que de donner à la vie consciente les formes mêmes de la vie inconsciente.

Là est le but à atteindre ; là est le devoir à réaliser. Là est aussi la grande difficulté à surmonter.

« Il est de mode de célébrer un progrès lent et sans « secousse, qui opérerait dans les sociétés humaines « comme dans le monde organique. Mais rien n'est plus « difficile que d'assurer ce progrès pacifique. La réflexion « seule en pose les conditions. Les transformations « sociales sont d'autant plus brusques et violentes que la « volonté réfléchie et l'art y ont moins de part. La régu- « larité du progrès dépend d'une éducation générale qui « non-seulement tolère la variabilité des caractères indi- « viduels, mais les favorise ; elle suppose aussi un sys- « tème d'institutions politiques et judiciaires qui laisse « le champ libre à l'élaboration et à la discussion des « idées. » (Gaston Richard, *Revue philosophique*, 1905, II, p. 461).

Le grand problème de notre vie morale réside dans cette opposition : faire rentrer en nous, comme dans la vie sociale, la complexité de la réalité inconsciente, par le ministère essentiellement analytique de nos facultés d'abstraction, de discernement et d'élection.

Quand nous disons que nous progressons, qu'une législation gagne du terrain, nous entendons bien que tout pas en avant est fait, par elle comme par nous, sur l'immense inconscient dont le mystère s'étend devant la conscience humaine, individuelle ou collective.

Il en est du progrès moral et social comme du progrès scientifique, qui est une conquête progressive de l'inconnu.

Or, si nous constatons, comme nous l'avons fait, que tout est dans tout, que tout coexiste, qu'il n'y a pas de cloisons étanches dans le réel et qu'une immense circulation en unit perpétuellement les éléments, il faudra que la conscience collective, dont la législation pénale est une manifestation, reproduise, dans ses propres limites, la complexité même de son objet.

Si donc nous constatons la double nécessité de la conservation et du progrès, il faut que ces deux phénomènes sociaux soient simultanés et se combinent perpétuellement.

Et si l'association finaliste favorise l'adaptation légale et fait diminuer la criminalité inférieure en rapprochant l'individu et la société, il faut que toutes les formes de l'association finaliste, quelles qu'elles soient, puissent se développer librement. Et si l'association totale, religieuse ou philosophique, favorise le progrès des idées et des mœurs en devançant le présent et en sondant le mystère, il faut que toutes les écoles, tous les cultes puissent simultanément agir sur les consciences et les attirer vers l'avenir.

Et il ne faut pas qu'une période de progrès soit opposée à une période de conservation ; il ne faut pas que l'un succède à l'autre, mais il faut que les deux actions n'en fassent qu'une par l'effet incessant et combiné de toutes les forces sociales.

Puisque notre œuvre est de faire rentrer peu à peu l'inconscient dans la vie consciente, celle-ci doit tenir compte des formes mêmes de l'inconscient pour rendre possible son assimilation.

Si nos réalisations sont toujours provisoires et bornées, nous ne gagnerons vraiment du terrain que si nous allons au mystère total avec tout notre être, de même que la société ne progressera vraiment que si toutes ses ressources collaborent à l'œuvre commune.

Une personnalité n'est forte que si elle développe simultanément sa volonté, son intelligence et son cœur. Une société ne se développe que dans la mesure où elle emploie davantage toutes les forces qu'elle recèle.

Ainsi, développement complet des associations finalistes, développement libre des grands groupements métaphysiques, marche simultanée de la conservation et du progrès et développement concomitant de la société et de l'individu par la continuelle circulation de la vie entre eux.

La stérilité provenait de l'absolutisme des doctrines et des lois; la relativité légale ne faisait que changer de nom. La richesse s'accumulera lentement, mais avec certitude, par le développement simultané de toutes les formes de la vie.

On peut dire que l'influence de cette nouvelle organisation sociale s'est déjà fait sentir.

Pour s'en rendre compte, il faut examiner ce qu'est devenue la criminalité d'en bas parmi ceux qui appartiennent aux associations finalistes. Les statistiques démontrent surabondamment que l'armée du crime est recrutée d'une façon presque exclusive parmi les vagabonds, les errants, les nomades, les bohémiens, les parias de l'ordre social.

Le grand argument de la défense en faveur d'un accusé dont la culpabilité est douteuse est de le montrer appartenant à des groupes qui absorbaient son activité, et où le voisinage des bons exemples l'entraînait constamment à l'observation des lois établies.

Et quant à la criminalité d'en haut, elle se fait jour dans des conditions nouvelles qui la rendent à la fois moins fréquente et moins brutale.

Le juge chargé d'appliquer la loi pénale a de plus en plus le sens de la distinction qu'il faut établir entre celui qui enfreint la loi pour son compte au détriment des autres, et celui qui résiste à la loi pour le bien public au détriment de sa propre sécurité.

Il y a, de plus en plus, une scission bien nette entre les crimes et délits de droit commun et les crimes et délits politiques. Les premiers sont châtiés avec une extrême rigueur, mais la loi plus souple permet de traiter les autres avec un tact qui est presque du respect. En matière de presse, de délits religieux ou politiques, les solutions vont de l'acquittement à l'emprisonnement, avec régime de faveur, en passant par la simple amende et l'application de la loi de sursis. En matière passionnelle, pour peu qu'à tort ou à raison l'accusé apparaisse comme le vengeur d'une cause juste, ou comme le redresseur de la loi imparfaite, les magistrats de tous les degrés acquittent ou atténuent sensiblement leur sévérité ; à vrai dire, l'équilibre tend à régner dans les actes parce qu'il tend à régner dans les lois, et si des soubresauts se produisent encore, ils proviennent, ou de l'incomplète assimilation des individus par le système nouveau, ou de l'arriéré qui ne pourra que peu à peu revenir à l'harmonie.

Il faut bien se répéter que l'idéal n'est pas pleinement réalisable dans le relatif. Tout ce qu'on peut désirer, c'est qu'une amélioration se produise, et qu'elle soit durable. Elle ne peut l'être que si elle n'est la victoire ni la défaite de personne, parce que la victoire est l'aspect complémentaire de la défaite, et qu'une défaite est toujours la disparition au moins provisoire d'un peu de vérité.

C'est ainsi qu'en fin de compte se rétrécirait chaque jour un peu le domaine de la criminalité supérieure.

En effet, le jour où une certaine harmonie serait établie entre tous les aspects relatifs de la conscience humaine reflétée dans les lois pénales, le progrès pourrait s'effectuer normalement par le raffinement progressif de la conscience et des lois.

Le criminel supérieur combat la loi existante au nom de la vérité foncière de son idéal, et il la viole totalement parce que cette loi, elle-même absolue et autoritaire, méconnaissait la vérité de ses aspirations, faisant un même sort à la vérité et à l'erreur.

Mais il faut espérer que l'harmonie va de plus en plus remplacer la lutte indéfinie.

Nous avons vu que si l'on pouvait distinguer par la pensée les associations finalistes des associations totales, en fait, elles se réunissent sur les mêmes têtes et leurs effets se rejoignent et se consolident.

Si donc les associations totales tendent à isoler les individus en leur donnant une doctrine totale et personnelle qui s'étende à tous les actes de leur vie, ces mêmes individus, appartenant à une multitude d'associations finalistes, mêleront perpétuellement leurs actions à celles de tous les autres, et s'habitueront ainsi à voir surtout cette partie commune des groupements métaphysiques, celle qui, venant de la vie même, s'insère spontanément dans la vie de tous.

Il est permis de croire qu'après une période de transition, cette immense circulation des idées, des sentiments et des efforts produira de plus en plus les résultats désirés.

Le terme métaphysique de la conscience individuelle était la prise de possession de plus en plus complète de l'inconscient par le conscient.

Le terme plus modeste de la conscience sociale sera la coordination harmonieuses des réalités morales éparses dans les consciences individuelles.

Parce que l'individu se fait chaque jour par un incessant devenir, la vérité sociale tout entière qui en procède ne sera elle-même jamais achevée.

Le véritable progrès consistera à régulariser le principe même de son évolution indéfinie.

L'action criminelle, sous toutes ses formes, inférieures ou supérieures, produit du désordre et de la disproportion des éléments sociaux, est appelée à diminuer dans la mesure où renaîtront l'ordre et l'harmonie dans l'évolution des sociétés.

TABLE DES MATIÈRES

TROISIÈME PARTIE

Marseille. — Imprimerie BARLATIER, rue Venture, 17-19.

IMPRIMERIE·DV·SEMAPHORE
MARSEILLE

www.ingramcontent.com/pod-product-compliance
Ingram Content Group UK Ltd.
Pitfield, Milton Keynes, MK11 3LW, UK
UKHW012203240726
13966UKWH00002B/549